医药卫生管理专业导论系列教材

国际经济与贸易专业导论
(第2版)

熊季霞　主编

东南大学出版社
SOUTHEAST UNIVERSITY PRESS

图书在版编目(CIP)数据

国际经济与贸易专业导论 / 熊季霞主编. — 2 版.
— 南京：东南大学出版社，2021.12（2024.8重印）
（医药卫生管理专业导论系列教材）
ISBN 978-7-5641-9825-1

Ⅰ. ①国… Ⅱ. ①熊… Ⅲ. ①国际经济-高等学校-教材②国际贸易-高等学校-教材 Ⅳ. ①F11②F74

中国版本图书馆 CIP 数据核字(2021)第 246008 号

责任编辑：陈潇潇　责任校对：子雪莲　封面设计：王　玥　责任印制：周荣虎

国际经济与贸易专业导论（第 2 版）

主　　编	熊季霞
出版发行	东南大学出版社
社　　址	南京四牌楼 2 号　邮编：210096　电话：025-83793330
网　　址	http://www.seupress.com
电子邮件	press@ seupress.com
经　　销	全国各地新华书店
印　　刷	兴化印刷有限责任公司
开　　本	700 mm×1000 mm　1/16
印　　张	11.5
字　　数	190 千字
版　　次	2014 年 11 月第 1 版　2021 年 12 月第 2 版
印　　次	2024 年 8 月第 2 次印刷
书　　号	ISBN 978-7-5641-9825-1
定　　价	35.00 元

* 本社图书若有印装质量问题，请直接与营销部调换。电话（传真）：025-83791830。

医药卫生管理专业导论系列教材编写指导委员会

主 任 委 员 田　侃

副主任委员 姚峥嵘　杨　勇

委　　　员（按姓氏笔画排序）

王高玲　田　侃　华　东　汤少梁

孙瑞玲　杨　勇　宋宝香　张　丽

陈　娜　姚峥嵘　钱爱兵　熊季霞

秘　　　书 赵明星

《国际经济与贸易专业导论》
（第2版）
编写委员会

主　编　熊季霞

副主编　马　澜　李　洁　高丽娜

编　委　（以下按姓氏笔画排序）

　　　　　卜胜娟　王玉芬　吕建黎　吕艳霞

　　　　　孙源源　杨小燕　韩　菡

序

我国的高等学校分为研究型大学、教学型大学和应用型大学。目前,综合性的院校立足于建设研究型大学,普通高等院校偏向于建设教学型大学,职业技术高校的侧重点在建设应用型大学。传统的本科教育一直注重理论教学,这种教育模式使得学生缺乏实践能力。中医药教育同时兼备了研究、教学与应用的功能,南京中医药大学为了建设一流的中医药大学,将理论性和实践性结合,推出了专业导论系列教材。

本套医药卫生管理专业导论系列教材是我校卫生经济管理学院组织教学科研一线教师精心编写的本科专业课程指导教材。本套教材首次作为各个专业的指导教材,凝结了教师多年的教学经验,从专业角度出发对课程进行全面而系统的概括。

教材着眼于新生专业课程的入门教育,希望专业导论的开展能够使学生对专业学习有一个宏观的把握,更好地了解专业课程设置的背景和目的,了解本专业中的教学要求以及存在的问题,树立正确的专业认知。教材同时对学科的发展脉络进行了梳理,能够对学生今后的学习和就业提供一定的指导和借鉴。

本套教材有如下基本特点:

1. 专业区分明确。本系列教材主要包括公共事业管理专业导论、药事管理专业导论、国际经济与贸易专业导论、大数据管理与应用导论、信息管理与信息系统专业导论、市场营销专业导论、健康服务与管理专业导论等。每本教材严格按照国家教育部专业目录基本要求和学校的专业培养目标编写,更加突出培养人才的专业性趋势,使学生更加具有社会竞争的优势。

2. 注重基础把握。在高等中医药院校中，医学卫生管理类专业属于交叉学科，也属于边缘学科，以往的教材侧重于对专业整体导向的把握，对中医药却少有涉及。本套系列教材结合中医药特色，充分研究论证专业人才的素质要求、学科体系构成，旨在培养适应社会主义新时代和中医药发展需要，同时具备中医药基本理论、基本知识、基本技能的专业人才。

3. 重视能力培养。本系列教材是为了提高学生专业能力而设置的专业导论，在课堂讲授的同时，也设置一定量的练习题，使学生能够更好地挖掘学习资源，提高学生自主学习和探索的能力。同时在一些课程中增加了实际案例，使之更具有趣味性和实用性，以进一步培养学生的专业素养。

4. 适用教学改革。按照高等学校教学改革的要求，专业导论本着精编的原则，切实减轻学生负担。全套教材在精炼文字的同时，更加注重提高内容质量，根据学科特点编写，更加切合学生学习的需要。

当前国内尚未出版针对专业教学的指导教材用书，本套系列教材也算是摸着石头过河的探索，我赞赏我校卫生经济管理学院老师认真负责的态度和锐意创新的精神，欣然应允为本套创新教材作序。

黄桂成

2014 年 9 月（初稿）

2021 年 6 月（二稿）

再版前言

国际经济与贸易(简称"国际贸易")是应用经济学领域中的一个独特分支,它研究的不是一国国内的贸易,而是不同国家或地区之间的贸易。国际贸易是运用国际经济学中的贸易理论和分析方法,研究国际贸易发生的原因、国际贸易政策、国际贸易实务、跨国投资以及国际贸易与经济发展关系的一门学科。世界经济发展的历史和经济研究证明:国际贸易反映了经济发展的水平;作为增长的主要动力推动了经济的发展;促进了技术进步和新技术的传播,提高了参与贸易国的生产率,缩小了发展中国家与发达国家技术和经济的差距。因此,国际贸易对一国乃至全球经济发展、社会发展、人类的共同进步起着举足轻重的作用。

改革开放为中国国际经济与贸易学科发展提供了巨大的发展空间,国际经济与贸易专业一直是中国大学开办的热门专业之一。随着全球经济一体化进程的加快和许多自由贸易区的建设,国内市场与国际市场进一步接轨,迫切需要一大批具有坚实的国际经济与贸易理论基础、掌握国际经济合作理论与政策、熟悉国际贸易实务、熟练掌握外语的国际贸易专业人才。国际经济与贸易专业培养能较系统地掌握经济学基本原理和国际经济、国际贸易的基本理论,掌握国际贸易的基本知识和基本技能;熟悉通行的国际贸易惯例与规则,以及中国对外贸易的政策法规;了解中国对外贸易和当代国际经济贸易的发展现状,了解主要国家与地区的对外贸易状况;能在涉外经济贸易部门、外资企业及政府机构和科研院所从事国际经济与贸易业务、管理与调研等工作的复合型、应用型的高级专门人才。

《国际经济与贸易专业导论》是专门为进入国际经济与贸易专业学习的大学新生而编写的入门教材。《国际经济与贸易专业导论》对国际经济与贸易专业发展情况、专业知识体系、教学安排和专业人才培养等内容进行综合介绍,帮助新生尽快熟悉本专业的学科背景,对专业有一个基础的认识,明确大学阶段专业学习和研究的努力方向,以免在今后学习专业知识的时候找不到学习的方向和重心。初入大学的同学都对自己的"专业"有着懵懂的想象,专业导论有助于为新生解答关于专业的种种疑问,从而带领学生走上"专业之路",让学生们在以后的专业之路上走得更顺畅。目前专业导论教材缺乏是一个问题。编写《国际经济与贸易专业导论》的目的主要是让学生了解自己的专业,知道怎么把国贸专业学好,希望学生们能通过这门课更早、更好地了解自己所选择的专业,热爱和学好自己的专业。通过专业导论提前了解到自己的专业,让自己对专业的兴趣提升起来,有助于以后的专业课程学习。通过这本教材可以学到:国际经济与贸易要学习哪些知识;掌握哪些基本技能、具备哪些能力;怎样才能学好国际经济与贸易专业。

本书重点就国际经济与贸易专业发展、培养要求与课程设置等进行全面阐述和总结,共分7章,内容包括:国际经济与贸易专业的沿革与发展;国际经济与贸易专业培养目标及人才素质要求;国际经济与贸易专业的学科基础;国际经济与贸易专业课程体系;国际经济与贸易专业教学安排与学习方法;毕业就业及继续教育;国际经济与贸易专业学习辅导。为了展现相关领域国内外最新研究成果,本书参考或引用了大量相关文献,其大多数已在书中注明了出处,但难免有所疏漏。在此,向有关作者和专家表示感谢,并对没有注明出处的文献作者表示歉意。

本书由熊季霞主编,参加编写工作的还有马澜、李洁、高丽娜、王玉芬、吕艳霞、孙源源、卜胜娟、吕建黎、杨小燕、韩菡。在本书编写过程中,得到了南京中医药大学卫生经济管理学院的领导与东南大学出版社相关编辑的支持和帮助,在此特向他们表示诚挚的谢意!

由于编者水平有限,书中错误和疏漏在所难免,恳请读者批评指正。

编者
2021年2月

目 录

第一章　国际经济与贸易专业的沿革与发展
第一节　国际经济与贸易专业及其相关学科 …………………… 001
第二节　国际经济与贸易专业的产生与国内外发展 …………… 004
第三节　医药院校本专业的状况与特色 ………………………… 019

第二章　国际经济与贸易专业培养目标及人才素质要求
第一节　国际经济与贸易专业人才培养目标 …………………… 024
第二节　人才素质要求 …………………………………………… 029
第三节　相近专业的人才培养目标及素质要求 ………………… 034
第四节　主要高校人才培养方案介绍 …………………………… 036

第三章　国际经济与贸易专业的学科基础
第一节　国际经济与贸易专业的理论范式 ……………………… 046
第二节　国际经济与贸易专业学科研究方法 …………………… 056
第三节　国际经济与贸易专业学科的研究内容 ………………… 059
第四节　国际经济与贸易专业的学科发展 ……………………… 070

第四章　国际经济与贸易专业课程体系

- 第一节　课程体系设计的意义与思路 …………………………… 077
- 第二节　课程设计原则 …………………………………………… 079
- 第三节　课程体系设置与专业理论课程介绍 …………………… 082
- 第四节　实验与实践教学 ………………………………………… 095

第五章　国际经济与贸易专业教学安排与学习方法

- 第一节　国际经济与贸易专业教学安排 ………………………… 102
- 第二节　国际经济与贸易专业教学环节 ………………………… 106
- 第三节　课程学习方法 …………………………………………… 112

第六章　毕业就业及继续教育

- 第一节　毕业要求 ………………………………………………… 117
- 第二节　就业前景 ………………………………………………… 120
- 第三节　资证考试 ………………………………………………… 134
- 第四节　学历深造 ………………………………………………… 141

第七章　国际经济与贸易专业学习辅导

- 第一节　专业名人 ………………………………………………… 145
- 第二节　专业名著 ………………………………………………… 153
- 第三节　专业名刊 ………………………………………………… 160
- 第四节　专业相关网站 …………………………………………… 163

参考文献 ……………………………………………………………… 165

第一章 国际经济与贸易专业的沿革与发展

 **内容提要**

本章简要介绍国际经济与贸易专业及其相关学科，重点阐述国际经济与贸易专业的产生与发展，最后着重指出医药院校本专业的状况与特色，让学生对国际经济与贸易专业本身及其沿革与发展有基本认识，了解国内外国际经济与贸易相关专业在课程设置、培养方式及培养目标等方面的差异。

第一节 国际经济与贸易专业及其相关学科

国际贸易是指不同国家（和/或地区）之间的商品和劳务的交换活动，是商品和劳务的国际转移，由进口贸易和出口贸易两部分组成，故有时也称为进出口贸易。国际经济与贸易是运用国际经济学中的贸易理论和分析方法,研究国际贸易发生的原因、国际贸易政策、国际贸易实务、跨国投资以及国际贸易与经济发展关系的一门学科。随着全球经济一体化进程的加快以及中国加入WTO和许多自由贸易区的建设,国内市场与国际市场进一步接轨,国际经济与贸易专业具有非常广阔的发展前景,迫切需要一大批具有坚实的国际经济与贸易理论基础、掌握国际经济合作理论与政策、熟悉国际贸易实务、熟练掌握外语的专门人才。

一、国际经济与贸易专业介绍

国际经济与贸易专业(以下简称国贸专业)培养德、智、体、美全面发展的复合型、应用型的高级专门人才。要求:适应21世纪知识经济时代社会主义经济建设和社会发展的需要,能较系统地掌握经济学基本原理和国际经济、国际贸易的基本理论,掌握国际贸易的基本知识和基本技能,了解中国对外贸易和当代国际经济贸易的发展现状,熟悉通行的国际贸易惯例与规则以及中国对外贸易政策法规,了解主要国家与地区的对外贸易状况,能在涉外经济贸易部门、外资企业及政府机构和科研院所从事国际经济与贸易业务、管理与调研等工作。

国际经济与贸易专业的主干课程包括政治经济学、微观经济学、宏观经济学、国际经济学、基础计量经济学、统计学、会计学原理、世界经济学、国际贸易实务、风险管理、货币银行学、财政学。各院校的课程设置会略有差异,根据院校性质也会各有特色。表1-1为对外经济贸易大学和南开大学的国贸专业课程设置。

表1-1 对外经济贸易大学和南开大学国际经济与贸易专业的专业课程安排

学校	专业核心知识课程	专业可选知识课程	专业必修课
对外经济贸易大学	政治经济学原理、经济学导论、微观经济学、货币银行学、宏观经济学、财政学、国际贸易、国际经济学	分为贸易商务类(27门)、经济学类(7门)、金融类(3门)、运输物流类(5门)、项目投资类(7门)、荣誉类(27门)共六大类选修课,规定必须修满14学分	国际贸易实务、跨国公司、国际金融学、产业经济学、国际经济学Ⅱ、贸易数据库与分析工具
对外经济贸易大学	总学分173分,其中课程学分145分,实践教学学分28分		

续表 1-1

学校	专业核心知识课程	专业可选知识课程	专业必修课
南开大学	财政学、国际经济学、货币银行学、统计学、政治经济学Ⅰ、西方经济学（中级微观）、概率论与数理统计、会计学、计量经济学、线性代数、政治经济学Ⅱ、西方经济学（中级宏观）	保险学原理、电子商务、国际技术贸易、国际金融实务、Stata在经济学中的应用、国际商务函电、美国经济、经济学原理、国际技术贸易、国际金融实务、国际商法、国际税收、国际营销学、投资学、发展经济学、国际物流、国际结算、公司理财、商业银行业务与管理、财务报表分析、博弈论与经济分析、各国经济与贸易政策、国际服务贸易、中国经济概论、国际商务谈判、国际贸易单证、产业组织理论、制度经济学、商务英语口语、商务英语写作、海关报关分析、世界贸易组织概论、国际经济贸易英文文献选读、产业经济学、国际市场行情分析、经济研究方法与论文写作	毕业论文、实践教学、国际金融理论与政策、创新研究与训练、国际投资与跨国公司、国际贸易理论与政策、中国对外贸易

资料来源：对外经济贸易大学官方网站和南开大学官方网站。

二、国际经济与贸易专业相关学科介绍

与国际经济与贸易专业相关的一级学科为应用经济学，二级学科为国际贸易学。国际贸易学是经济学的重要分支学科与组成部分，是应用经济学分支中的以国际间的经济活动为研究对象的学科。

国际贸易学是研究国际间商品与劳务交换过程中的生产关系及有关上层建筑发展规律的科学。作为一门学科，它的任务是要研究国际间贸易产生与发展的原因和贸易利益在各国间进行分配的制约因素，并要揭示其中的特点与运动规律。国际贸易学主要研究并阐释国际商品交换关系及其规律性。所谓国际商品交换关系，表现为世界各国间的商品交换活动，即国际贸易。这种商品交换活动可以是有形商品贸易，也可以是无形商品贸易；可以是双边贸易，也可以是多边贸易等。国际贸易是指一种活动，一个过程，是世界各国（地区）之间的商品（包括劳务和技术）交换，即世界各国对外贸易的总和。国际贸易学是一种理论、一个学科，是研究并阐释国际商品交换关系及其规律性的科学。它是从宏观经济的角度出发，从总体上考察国际商品交换各个方面的态势，支配或影响国际商品交换关系发展变化的国内

和国际的自然、经济、政治、文化等因素,国际商品交换关系的发展变化对各国经济和国际经济关系的影响与作用,说明国际贸易的原因、条件、特点、趋势等的一般理论。

国际贸易学是一种部门经济学。它的研究对象既包括国际贸易的基本理论,也包括国际贸易政策以及国际贸易发展的具体历史过程和现实情况。一般认为,国际贸易学的研究对象包括以下四个方面:① 各个历史发展阶段,特别是当代国际贸易发展的一般规律;② 各国对外贸易发展的特殊规律;③ 国际贸易理论与学说;④ 国际贸易政策与措施。

历史上许多著名的经济学家都把国际贸易问题作为其经济理论的重要组成部分进行研究与探讨。从资本主义原始积累时期的重商主义研究如何通过对外贸易带来财富,到1930年经济大危机之后的凯恩斯主义研究如何通过对外贸易创造就业机会;从英国古典学派的代表亚当·斯密和大卫·李嘉图研究自由贸易能对各国经济发展带来何种利益,到德国历史学派的代表费里德里希·李斯特研究保护贸易会对经济相对落后的国家带来何种好处;从马克思论证对外贸易是阻止一国利润率下降手段的理论,到列宁提出资本主义发展离不开国外市场的学说。这些理论和学说为国际贸易学奠定了理论基础。

第二节　国际经济与贸易专业的产生与国内外发展

随着世界各国经济活动的日益密切,国家间经济往来逐渐增多,各国的教育机构越来越注重培养本国的国际经济人才,国际经济与贸易专业也就应运而生。美国和英国作为国际贸易的核心地带,高等教育中商科教育占重要地位,其国际贸易人才的培养较为成熟,众多高素质的国际贸易人才为推动国家经济的发展,使国家成为国际经济交往中最为活跃的国家之一做出了卓越贡献,可见美、英两国的国际贸易教育是较为成功的。

一、国外国际经济与贸易专业的发展状况

(一) 国外大学相关专业介绍

国外并没有专门的国际经济与贸易专业,大都是经济学专业下的分支专业国际经济学或者商科分支下的国际商务,一般称作 International Business。国际经济学作为一门独立的经济学科是以各国间的经济活动以及国际经济关系为研究对象,研究国际范围内最有资源配置和国际经济关系对资源配置的影响。它包括微观和宏观两个部分,微观又称作国际贸易,宏观又称作国际金融。国际商务专业是交叉了管理学、经济学、法学等多学科的新兴学科,国外尤其是美国的国际商务专业产生较早,在 19 世纪末 20 世纪初,大学纷纷建立商业学院(School of Commerce),后来演变为商学院(School of Business)。宾夕法尼亚大学的沃顿商学院(Wharton School of Business)被认为是美国第一所大学商学院,建立于 1881 年,目前美国本土有近千所商学院。

美国及英国的国际商务专业培养学生的基本要求可以概括为以下几点:

(1) 让学生具有独立调查、客观思考问题的能力,通过对国际贸易及国际投资市场的了解,熟悉由宏观经济、政治制度综合作用所形成的国际、国内竞争环境,学会如何在国际贸易领域把握商机。

(2) 使商务教育成为一种国际化的教育,本专业均培养学生站在全球的高度思考问题,尤其是思考商务问题。这种教育涵盖金融、营销、商业策略等等,为学生在会计、市场营销、金融、管理上打下坚实的基础。

(3) 要求学生将各门经济、商务课程融会贯通。从大量的实践中摸索规律,将专业基本理论与实际操作相结合,给学生以企业家与"商人"的基本训练。

> **知识链接 1**
>
> 美国大学商学院国际商务本科排名
>
> (来源：US News and World Report 2021)
>
> Stanford University 斯坦福大学
>
> University of Pennsylvania(Wharton) 宾夕法尼亚大学沃顿商学院
>
> Northeastern University(Kellogg) 西北大学凯洛格商学院
>
> University of Chicago(Booth) 芝加哥大学
>
> Massachusetts Institute of Technology (Sloan) 麻省理工学院
>
> Harvard University 哈佛大学
>
> University of California – Berkeley(Hass) 加州大学伯克利分校
>
> Columbia University 哥伦比亚大学
>
> Yale University 耶鲁大学
>
> New York University(Stern) 纽约大学

> **知识链接 2**
>
> 英国大学商学院国际商务专业本科排名
>
> (来源：TIMES:The World University Ranking 2021)
>
> University of Oxford 牛津大学
>
> University of Cambridge 剑桥大学
>
> University College London 伦敦大学学院
>
> London School of Economics and Political Science 伦敦政治经济学院
>
> University of Edinburgh 爱丁堡大学
>
> King's College London 伦敦国王学院
>
> University of Manchester 曼彻斯特大学

知识链接 3

加拿大大学商学院国际商务专业本科排名
(来源：TIMES：The World University Ranking 2021)
University of Toronto 多伦多大学
University of British Columbia 英属哥伦比亚大学
McGill University 麦吉尔大学
McMaster University 麦克马斯特大学
University of Montreal 蒙特利尔大学
University of Victoria 维多利亚大学

知识链接 4

澳大利亚大学商学院国际商务专业本科排名
(来源：TIMES：The World University Ranking 2021)
University of Melbourne 墨尔本大学
The Australian National University 澳大利亚国立大学
University of Sydney 悉尼大学
The University of Queensland 昆士兰大学
The University of New South Wales 新南威尔士大学

(二)国外大学相关专业课程设置及特点

1. 课程设置

美国及英国的"国际商务"(International Business)或"国际贸易"(International Trade)专业的课程设置主要围绕培养学生四个层面的能力：

第一个层面：分析竞争的基本因素变化。注重研究贸易对象国家的政策、法规、风俗习惯，做到"知己知彼"。这是课程设置的基本层级。

第二个层面：分析国内政策及其对国际商业发展的正面和负面影响。运用一系列企业案例分析，调查研究企业怎样应对外国政府政策的影响，避免不利的政策,利用有利政策进行有效预测。在这一层面上,学习不只停留在理论上,实践能力也将得到更大的提高。案例分析具有其实用性,对学生将来真正从事商务活动有极大帮助。

第三个层面:研究国际经济组织和秩序,如 GATT 和 NAFTA 是怎样影响并改变国际商业运作的,考察国际问题,如环境、人权等对企业战略、决策的微妙影响。将本专业的学习细分,有助于学生从细部考察。

第四个层面:研究信息社会下的国际贸易。互联网的出现,使国际贸易的发展更为迅速、发达,信息的获取速度和数量成为竞争的关键。这方面的内容安排对学生提出了更高要求。以下列举三所大学商学院国际商务专业的课程设置。

表 1-2　南卡莱纳大学穆尔商学院商务专业的课程安排

年级	课程安排	备注
大一	英语作文和文学、商科微积分或代数、自然科学、大学学习指导和有关商务环境总体介绍的专题会、美国历史、高等数学、公共交流、商务计算机课程	课程旨在扩大学生的知识面,以及了解计算机在商务中的运用
大二	职业交际课程(商务口头、写作调查报告和多媒体演示)、经济学、概率论和统计学、文科课程(哲学、历史、政治、地理、外语、暑期国外短期学习)、行为科学(心理学、社会学、人类学)、英语(小说、戏剧、诗歌、美式或英式写作)、会计学初步、职业交际或英文商务写作的后续课程、艺术课程(美术、音乐、戏剧)	包括外语、暑期国外短期学习等课程为学生将来在跨国公司工作打下基础
大三	管理学、市场营销、金融、公司管理学(Operations Management)、选修18个课时的非商科课程、商科必修课(两门)、非商科辅修课(三门)	开始进入核心课程学习
大四	商科必修课(六门)、非商科辅修课(三门)、策略管理(Strategic Management)	课程为学生毕业去向做准备
附:商科必修课程包括国际商务调查、国际金融管理、国际市场营销、国际管理学、国际信息系统学、国际商务高级课程、国际贸易经济学、国际货币经济学、国际发展经济学、经济制度比较		

资料来源:南卡莱纳大学穆尔商学院官方网站。

表1-3 马里兰大学史密斯商学院商务专业的课程安排

年级	课程安排	备注
大一、大二的必修课	微积分、计算机在商务中的运用、会计学原理、商务统计学、微观&宏观经济学原理、演讲交流（基础）	总共需要修满26~31个学分
大三、大四的核心课程	商务金融、市场营销原理、管理与组织、职业和商机搜寻技巧、商法、商务政策	总共需要修满6个学分
大三、大四的经济学必修课	国际经济学、其他高级经济学课程中任选一门	总共需要修满16个学分
大三、大四的专业必修课	物流管理入门、国际管理入门、国际市场营销、国际物流和运输管理、国际金融、任何一门高级外语课程	总共需要修满18个学分
附：其他高级课程包括在经济学、心理学、人口学、社会学四个领域里的众多课程		

资料来源：马里兰大学史密斯商学院官方网站。

表1-4 宾夕法尼亚大学沃顿商学院国际商务专业的课程设置

课程种类	课程名称
区域研究	分为拉丁美洲、西欧、东欧、中亚、南亚、东亚、非洲、法国、德国、意大利、西班牙、俄罗斯、中国、日本、朝鲜、印度等几个区域，每个区域下又开设了众多的具体课程，如关于中国的有：中国文学、中国国画、中国建筑、当代中国与印度经济（1949—1995年）、中国政治等
国际商务课程	国际会计和金融报表、跨国公司金融、国际金融、国际银行管理、跨国金融、医疗保险制度比较、国际法律制度比较、新兴市场商务、国际商务中的法律与政策、国际商务理论、跨国管理、跨国公司战略、跨国人力资源管理问题、跨国公司、跨国公司政策、国际管理比较、全球政治环境中的商务活动、国际产业发展策略、市场、国家和政策、全球市场中的技术、私有化、国际前景、国际房地产比较

续表1-4

课程种类	课程名称
国际研究课程	包括人类学、艺术史、中亚 & 东亚研究、经济学、法语、二年级学生研讨会、历史、历史和社会科学、政治学、宗教研究、社会学、南亚地区研究、女性研究（注：每门大类课程下又设几门具体的课程）
大四的调查计划	在大四的时候选择与自己学习的核心课程相关的问题进行研究
在外国学习一学期	

资料来源：宾夕法尼亚大学沃顿商学院官方网站。

2. 课程设置的特点

（1）开设经典的经济课程让学生掌握基本的经济贸易知识，同时要求学生掌握相应的会计、营销、金融等知识，强调学生熟悉他国的商业运作规律及经济环境，增加对该国商务的感性认识。

（2）明确研究的地域，了解其经济政策与环境并能提供贸易策略。美国及英国的国际贸易专业更加细化，学生确定专业后可以有选择地倾向某一地域的研究，如沃顿商学院甚至设置了区域研究专业课程，以满足学生这一要求。

（3）大多数学院的国际商务专业都开设法律课程要求学生掌握必要的法律知识，培养学生对外部商业环境和投资环境的了解，尤其是了解相应的法律和政治环境。

（4）注重掌握交际技能，强调语言能力、合作精神、商务伦理道德等方面的培养工作，实务性强。大多数国际商务专业都要求学生掌握一门外语。鼓励学生在国外学习一个学期或者一年，或者是参加暑假的交流项目，学校也给学生提供机会去参加国外公司的培训等项目。

（三）国外大学本专业发展趋势

1. 强调良好的硬件及软件环境

（1）国外国际商务专业的培养强调采用先进的技术和设施给学生提供现代化的学习方式，力求给学生提供模拟的仿真商务环境。很多课程鼓励学生使用计算机处理和分析，进行信息传递和交流。有些课程模拟生产线和成本核算变化等商务情况。

（2）专业课程的设置随着经济形势的变化而进行调整，使课程设置更符合经济环境，使学生能够掌握最新的理论及实践变化的规则。

（3）设立公司与学生相互联系的机构即职业介绍所。在学生和公司之间搭建一个沟通桥梁，使二者有接触机会，相互加深了解，为学生了解企业功能与运作机制创造了良好的条件。

（4）经常安排讲座，增加学术互动和交流。比如，耶鲁大学专门安排了大量的专家讲座，邀请来自世界银行、政府商务部门以及州长来讨论涵盖热点地区的经济问题。

2. 注重实践环节

将课程学习与实践较早地结合是国外国际商务课程的显著特点。在课堂的教学环节中大量使用案例分析，学生通过案例教学身临其境。

学生经常走出课堂，深入公司、企业等机构。如南加州大学马歇尔商学院的学生就有机会去参观一些企业，与企业的 CEO 等进行零距离交流；学生还经常与他们的校友进行交流。

为加强学生的实践机会与能力，国外学校大多采用"实习制度"，鼓励学生积累大量的事件经验。例如，国外学校通常设有"Placement"的机构，该类机构帮助学生联系短期或是长期的实习单位。

二、国内国际经济与贸易专业的产生与发展

（一）专业沿革

我国国际经济与贸易类专业的设置可追溯至新中国成立初期，可见其历史比较长。新中国成立初期，部分高校就设置了国际贸易类专业，培养了一批从事外贸工作的人才。然而，在当时的计划经济体制下外贸在国民经济中所占的比重很小，只作为国家对外创汇的手段，因此对外贸易工作长期没有受到应有的重视，相应地，外贸高级人才的培养规模也比较小。改革开放前，"对外贸易"专业属于13个财经应用类专业之一。改革开放以后，社会亟须大量该类专业的人才，为了适应经济快速发展和对外开放的需要，一些高校陆续设置了国际经济、国际商务、工业外贸等专业，这些专业在社会主

义市场经济条件下很快变得炙手可热。

1998年,教育部依据《关于进行普通高等学校本科专业目录修订工作的通知》(教高〔1997〕3号)确定的指导思想及总体部署,按照科学、规范、拓宽的工作原则,经过高等教育面向21世纪教学内容和课程体系改革计划立项研究、分科类进行专家调查论证、总体优化配置、反复征求意见,并经普通高等学校本科专业目录专家审定会审议后确定的《普通高等学校本科专业目录》(1998年颁布)是高等教育工作的一项基本指导性文件。该目录进行了较大规模的本科专业调整,将国际经济、国际贸易、国际商务、工业外贸等4个专业调整为方向更为明确、适应性更强的国际经济与贸易专业。许多高校根据该目录随后规范了本校的专业设置。

该目录将国际经济与贸易专业的培养目标明确为:本专业培养的学生应较系统地掌握马克思主义经济学基本原理和国际经济、国际贸易的基本理论,掌握国际贸易的基本知识与基本技能,了解当代国际经济贸易的发展现状,熟悉通行的国际贸易规则和惯例,以及中国对外贸易的政策法规,了解主要国家与地区的社会经济情况,能在涉外经济贸易部门、外资企业及政府机构从事实际业务、管理、调研和宣传策划工作的高级专门人才。

中国加入WTO后国内市场与国际市场进一步接轨,同时全球经济一体化程度加快,社会迫切需要一大批具有坚实的国际经济与贸易理论基础、熟悉国际贸易实务并熟练掌握外语的专门人才。正是在这种需求背景下,加上国际贸易类专业办学门槛较低,一时间各地高校纷纷开设了该专业。20世纪90年代以来国际贸易专业就一直是高校招生和就业的热门专业。随着国内经济与国际经济的进一步融合以及市场经济的不断完善,国际贸易领域出现了新趋势,国际贸易学科的发展日益呈现出国际化、市场化等方面的趋势,因此对我们国际贸易专业人才的培养也提出更高的要求。现阶段,大部分的综合性高等院校都开设国际经济与贸易专业。

(二) 专业发展历程

国际经济与贸易专业以培养国际贸易、世界经济和国际商务等学科复合型人才为目标。不仅要集合国际贸易、世界经济、国际金融、商务管理及相关学科的科研教学力量传授学生扎实的理论与实务功底,还要重点培养学生的创新与研究精神,最为重要的是让专业建设紧跟学科前沿、适应教改趋势。事实上，无论是国内综合性大学还是财经类院校，都走出了独具特色的发展历程。

1. 国内综合性大学国际经济与贸易专业的发展历程

世界经济、国民经济等底蕴深厚且历史非常悠久的相关经济学专业可算作国内综合性大学的国际经济与贸易专业的前身。为适应国际贸易专业发展的需要，改革开放后国内综合性大学尤其是教育部直属的重点高校合并了一批省属、地方性的财经类院校，国贸专业开始以经济学专业为基础、以理论前沿和政策研究为先导，以理论素养、兼顾实践能力为侧重点发展。通过强调扎实的理论基础，组建颇具实力的研究中心，追踪并消化国际前沿的学术成果，参与政府外经贸政策，为国际经济与贸易专业的发展营造出浓重的理论氛围。

国内综合性大学国际经济与贸易专业代表院校有：北京大学、南开大学、武汉大学、浙江大学和对外经济贸易大学。综合性大学对于专业的培养目标为：强调"厚基础、宽口径"；整合学科资源，国际贸易与世界经济互动发展；倡导培养模式多元化；加强学生学习的自主选择性。重点综合类大学如南开大学等在经济学、管理学和法学哲学上的底蕴是非常深厚的，就为它们整合相关资源，拓展国贸专业建设提供了更宽阔的平台。

以南开大学为例，国际贸易经济专业的前身为经济学系的世界经济教研室，创建于1975年。改革开放后，为了适应新形势下对外经济贸易发展的需要，世界经济教研室于1985年从经济学系独立出来，正式组建成为南开大学国际经济学系，当时南开大学是全国第一个设立"国际经济系"的高等院校。1994年底，为适应中国教育体制改革的要求，天津对外贸易学院并入南开大学，原天津对外贸易学院外贸经济系并入南开大学国际经济系，国际经济系改名国际贸易经济专业。同时，下设两个教研室和四个研究中心，即世界经济教研室、国际贸易教研室、世界贸易组织（WTO）研究中心、欧洲问题研究中心、大洋洲研究中心和东北亚研究中心。这些研究室和研究中心，紧跟本学科世界前沿的学术水平，引进国际先进的理论和方法，围绕世界经济发展与国际经济关系、开放经济和地区经济一体化、宏观经济调控与管理、国际贸易理论、政策与实践等开展了系统、深入的研究和探讨。在政府提出的改革开放重大理论和实际问题的研究中，在涉外企业经营决策的咨询中，均占有一席之地。在人才培养方面、在改革开放重大理论与实际问题研究方面、在把握本学科世界前沿水平并及时引进消化先进学术成果方面,国际贸易经济专业均做出了重大贡献。在1997年高等院校的专业目录调整中,把各高校国际经济(或世界经济)专业和国际贸易专业合并为国际经济与贸易专业。南开大学也进行了相应的调整,从1999年开始以国际经济与贸易专业招生。目前,南开大学国际经济与贸易专业开设的本科课程囊括了经济学、金融学、管理学、法学等学科的70多门课程,特别强调理论经济学、数学和英语能力的教学。近年来,学校在国际经济贸易专业科研教学中,还特别重视开展国际间的学术交流与合作,先后与美国、加拿大、日本、欧盟、澳大利亚、韩国等国家和地区的学术机构建立了各种形式的联系,多次组织或参加国际学术会议,邀请学者前来访问、讲学,共同讨论国际经济发展的前沿问题。同时积极鼓励各类优秀学生出国留学深造,努力为他们出国学习创造必要条件。此外,南开大学国际经济贸易专业本着服务社会的方针,为社会提供多层次的教育服务,近年来在同等学力在职人员研究生课程进修班,与澳大利亚国立大学等国外高校的合作交流与培训,面向政府、企业和特定行业的中、短期培训项目、以及高等教育自学考试系列教育培训中,为国家培养了大批国际经贸人才。

2. 国内财经类大学国际经济与贸易专业的发展历程

重点财经类院校大多在新中国成立之初就设有国际贸易专业,财经类院校由于办学性质决定了其在国际经济与贸易专业上先天的优势。改革开放以后,对国贸专业提出了越来越高的要求,许多财经类院校在20世纪90年代后更强化了实用性内容的研究与教学,如经贸规则、实务操作、通行惯例和贸易经验等,保证了专业教学与国际经济形势的同步性。同时,在专业建设中注重引入相关学科实用知识,扩展了国际商务、企业管理、财务决策、会计处理、法律条款等国贸专业教学科研中涉及的内容,突出精品课程的设计和重点学科的建设。此外,利用自身在国际贸易专业上的传统优势与外经贸企业、国家外经贸管理单位广泛交流合作,开展了大量的社会培训、企业讲座、社会实践、经验调研等活动,极大地保证了教学科研活动的现实应用性、实用性和适用性。

国内财经类大学国际经济与贸易专业的代表有:上海财经大学、中央财经大学、西南财经大学和东北财经大学等。专业培养目标为："厚基础、宽口径、重应用"内外贸结合将专业与商业经济和贸易经济密切结合。

以上海财经大学为例,该校国际贸易与经济专业下设国际贸易和国际商务两个专业。国际贸易专业源于20世纪40年代的国立上海商学院国际贸易系国际商务专业在2002年开始招生。国际贸易专业的发展处于全国领先地位。目前国际经济与贸易专业隶属商学院世经国贸系。该校在专业教学中,强调培养掌握深厚的国际贸易理论与实务知识,具有创新意识和研究能力,熟练应用外语,从事国际贸易理论研究和进出口业务管理及开展国际商务活动的专门人才。专业课程涉及经济学、企业管理、会计学、金融学、法学等诸多学科,特别强调实务知识、外语能力与实践应用的培养,为毕业生更好更快地适应实际工作奠定了基础。此外,利用自身国贸专业悠久的历史和地处上海的优势,上海财经大学开展了极富层次的企业交流与社会服务活动,不仅使学生可以接触到最新和最实用的经贸技巧,而且也为国贸专业的学术研究提供了最热点的企业动态,进而保证科研教学成果贴近现实需求。

天津财经大学国贸专业的建设在国内财经类院校中也非常具有代表性,该校国际贸易经济专业始建于1958年,原名对外贸易系,是我国高等院校最早设立的三个国际贸易系(专业)之一。20世纪80年代为适应国家经济建设和对外经贸事业发展的需要,由对外贸易一个专业扩展为国际贸易、国际经济合作、外经贸英语三个专业。1998年根据教育部颁布的专业目录整合为国际经济与贸易专业。天津财经大学国际贸易经济专业作为国内高校最早设立的三个国际贸易专业和首批硕士点,2005年获准设立国际贸易博士点,学科建设在全国一直处于先进行列。与在80年代中后期逐步发展起来的、以理论经济学为基础的综合性大学(如北京大学、南开大学等)同类学科相比,在贸易政策与实务领域具有独特的优势和特色;与财经院校的同类学科相比,适应全球化要求、面向国内外国际商务人才现实需要的办学特色鲜明,办学层次最为齐备,拥有优质的教育资源,享有较高的学科声誉。

(三)国际经济与贸易专业发展现状与发展前景

目前,我国开设了国际经济与贸易专业的400多所高校均在教育部《普通高等学校本科专业目录》的指导下根据本校的实际情况修订了国际经济与贸易专业的培养目标和培养要求,推动了我国高等学校国际经济与贸易专业的学科建设。同时还开展国际贸易学专业的硕士和博士教育,为国家培养了大量的国际贸易专业的高级人才,取得了很大的成就。面对新世纪经济全球化的挑战,国际经济与贸易专业在专业定位、人才培养模式等方面还需要不断完善。

近年来,随着中国落实入世承诺的步步深入,对外经济交往日益频繁,中国对外开放的广度与深度不断扩大,整个社会经济运行过程以及贸易活动都将要共同参与国际经济的大循环。在这种情况下,懂国际经济与贸易的复合型专门人才将成为我国企业、政府机构及相关领域基本和普遍需求。同时需求层次也在不断提升,要求对外经济与贸易人才必须具备较宽的知识跨度,既要懂国际经济的运行规则又要懂国际贸易理论与实务,既要有较扎实的理论训练又要有较熟练的操作技能。

知识链接 5

2018年国际经济与贸易专业排名(来源:中国科学评价中心)

1 厦门大学　　　　　　　　　11 天津财经大学
2 湖南大学　　　　　　　　　12 浙江大学
3 对外经济贸易大学　　　　　13 南京大学
4 首都经济贸易大学　　　　　14 吉林大学
5 中国人民大学　　　　　　　15 西安交通大学
6 南开大学　　　　　　　　　16 华中科技大学
7 中国人民大学　　　　　　　17 中山大学
8 复旦大学　　　　　　　　　18 北京师范大学
9 武汉大学　　　　　　　　　19 辽宁大学
10 江西财经大学　　　　　　 20 东北财经大学

全国各高校都相继开设了国际经济与贸易专业为社会输送国际贸易人才。这对国贸专业建设是一个很好的发展机遇,但同时我们应该清醒地意识到新形势下市场对国贸人才的要求也更高了,所需要的经贸人员不仅要具有日常生活所需的听、说、读、写、译的外语能力,还应懂得国际贸易基础知识、了解国际贸易惯例,熟悉世贸组织规则、适应国际竞争需要和能够参与解决国际争端的专门谈判能力等。这就要求高校国际经济与贸易专业要进一步提升教育水平来培养有扎实的经济学和管理学基础理论知识和对外经济贸易理论知识,较强的计算机和办公自动化设备操作技能、信息处理和沟通技术及英语口语交际能力,具备较强的文字表达和人际沟通能力,能熟练运用国际经济与贸易相关知识独立进行业务操作的跨领域、跨行业、跨学科的复合型人才。

三、国际经济与贸易专业人才的社会需求

随着全球经济一体化程度的加快以及中国加入 WTO 后国内市场与国际市场的进一步接轨,迫切需要一大批具有坚实的国际经济与贸易理论基础、熟悉国际贸易实务、熟练掌握外语的高级专门人才。随着社会对本专业人才需求的不断增加,国际贸易专业是我国目前最具增长潜力的行业之一,具有非常广阔的发展前景。虽然近几年来受到金融危机的冲击,但是专业过硬、能力较强的从业人员仍然受到大型贸易公司的追捧。加快培养更多外语强、理论懂、业务通、后劲足的高素质国贸专业人才,已成为一项十分紧迫的战略任务。

(一) 对国际经济与贸易专业人才的需求方向

就我国目前国内经济发展的现实情况而言,对国际经济与贸易专业人才的需求呈现 3 个方向。

(1) 国际经济贸易理论研究人才。侧重于对世界经济发展规律和国际贸易发展历史、现状及其演变趋势的研究,以及国际分工与合作的经济条件及其相互作用等理论研究。这类专业主要为我国培养高层次的理论研究人才。

(2) 对外经济贸易实务人才。掌握国际商品贸易综合理论与实务操作知识,具备国际贸易实务技能专长,直接从事针对具体工(农)业产品、工(农)业技术的外经贸工作的高级专门人才。

(3) 国际商务管理人才。此类外贸高端人才倾向兼具国际经济贸易理论和企业管理能力、知识的交叉型人才,既要熟悉国际商务规则与政策,有良好的外贸操作技能,还要懂得世界经济发展规律、国际分工与合作的经济

条件和跨国经营管理的理论与实践,是主要负责对外贸易项目运作的高级经营管理人才。

(二) 适应社会对国际经济与贸易专业人才的要求

(1) 适应社会对国贸专业人才思想品德素质要求,切实加强思想品德素质的培养力度,养成爱岗敬业、吃苦耐劳的良好品质。当前外贸企业对爱岗敬业、脚踏实地的工作态度和吃苦耐劳、乐于奉献的精神极为重视。但是,这些素质要求往往很多应届大学毕业生都难以达到,亟待提高。刚参加工作不久的大学毕业生普遍容易自视为"天之骄子",过分推崇自我价值实现,眼高手低,心态浮躁,不安于本职工作,没工作几天就频繁跳槽,让用人单位陷入想用又不敢用的尴尬境地。形成这种现象的原因是多方面因素造成的。由于大多是独生子女,从小在父母的保护下长大,缺乏必要的爱岗敬业教育和吃苦耐劳锻炼,这种现象在各个行业中都普遍存在,是我国专业人才健康成长和事业发展的最大障碍。针对这一问题必须高度重视,需要设置相关课程切实加强思想品德素质的培养力度,加强人生观和价值观的教育以及职业道德修养。

(2) 适应社会对国贸专业人才基础能力素质要求,切实加强专业基础能力训练,努力提高英语和计算机应用能力。加入世界贸易组织后,中国经济融于世界经济这一客观实际需要,以及国贸专业的特殊性决定了该专业用人单位高度重视英语和计算机的应用能力。随着世界经济发展和科技进步,今后的进出口业务将是以电子商务为载体,贸易方式必将朝着信息化、无纸化方向发生根本性的改变,必须高度重视基础能力素质的培养。

(3) 适应社会对专业能力素质要求,将专业技能训练应用到实际当中,努力增强对工作的适应能力。注重专业能力素质教育的同时更要在实践教学中提升学生的专业能力水平。理论和实践在国际贸易实务中是有距离的,要缩短这一距离,就必须注重应用能力的培养,运用所掌握的理论知识指导实际操作。

(4) 适应社会对国贸专业人才创新能力素质要求,增强创新的动力和活力。创新能力素质,是从更高层次上提升和发挥国贸专业人才的综合素质。首先,要从思想上高度重视,探索一套行之有效的培养方法和经验,扩大创新能力的培养渠道,走出课堂,面向社会,学会在社会实践中将所掌握的经贸知识融会贯通,并从中寻找规律和开拓创新。其次,要建立和完善创新人才的培养机制,从制度上保证创新能力的培养,在学制、学分、教学方式、激励机制、实践教学环节以及校园文化等方面都要积极探索,培养学生具有敏锐的市场竞争意识和良好的商业交往能力,具有百折不挠的职业作风和快速应变、理性分析的综合能力。

第三节 医药院校本专业的状况与特色

一、医药院校本专业建设现状

改革开放以来,我国外贸进出口额以及医药产业总产值和销售额保持快速增长,医药及外贸行业存在大量人才需求、人才要求不断提高。为支撑以医药为主体的多学科发展,顺应开放时代对医药类经贸管理人才的需要,20世纪90年代以来,我国医药院校纷纷开设经管类专业。据不完全统计,全国82所医药院校中,共61所开设了经济与管理类专业,其中设立国际经济与贸易专业(包括方向)的有29所如中国药科大学、南京中医药大学、沈阳药科大学、广州中医药大学、广东医科大学、甘肃中医药大学、河南中医药大学、安徽中医药大学等。

中国药科大学始建于1936年,是国家"211工程"重点建设的大学,于1993年起招收国贸专业本科生,2008年获批江苏省特色专业建设点,目前每年招生人数近120人;南京中医药大学始建于1954年,是江苏省重点建设高校,于1995年起招收国贸专业本科生,2010年国贸专业被评为江苏省特色专业建设点,目前每年招生人数60人;沈阳药科大学始建于1931年,是我国历史最悠久的综合性药科大学,其在1995年设立国贸专业,每年招生人数近100人;广州中医药大学始建于1956年,属广东省"211工程"重点建设高校,2002年开设国贸专业,2006年国贸专业通过广东省教育厅新专业建设评审,每年招生人数350余人;广东医科大学院创建于1958年,是广东省重点建设大学，2006年设立药学院，开设医药贸易专业，是医药院校中唯一将国贸专业归入药学院的院校；甘肃中医大学始建于1978年，2005年开设国贸专业，每年招生人数近50人；河南中医大学始建于1958年，是全国建校较早的高等中医药院校之一，2003年设立国贸专业，每年招生人数120余人；安徽中医药大学创建于1959年，2001年设立国贸专业，每年招生人数近100人。

经多年建设后，各医药院校国际经济与贸易专业建设都取得了一定成绩，保持较好发展态势。例如，中国药科大学和南京中医药大学的国贸专业为江苏省特色专业。南京中医药大学与安徽中医药大学的国贸专业均为省级一流本科专业。

二、医药院校本专业人才培养特色与课程体系特色

综合类、财经类院校的国际经济与贸易专业培养目标都定位在：培养系统掌握现代经济学和管理学基本原理，掌握国际经济贸易基本理论和市场营销的方法，熟悉通行的国际贸易和市场营销的规则与惯例，了解中国的经济贸易政策以及主要国家与地区的社会经济情况，具备从事涉外经济贸易活动和解决营销实际问题能力的复合型人才。

医药院校的国贸专业面对综合院校的国贸专业如何保持竞争力？医药院校国际经济与贸易专业培养目标必须突出行业特色，必须培养有差异化的人才。医药类院校国际经济与贸易专业大多都旨在培养适应经济与社会发展需要，具备经济学基本原理和国际贸易基本理论、基本知识与基本技能，通晓国际贸易业务运作方式，掌握国际贸易及国际营销管理方面的知识和能力，能从事国际贸易、国际市场营销与管理特别是医药行业营销与管理的应用型专业人才。各省属医药院校基本职能都是立足本省实际，培养面向本省经济发展尤其是医药经济需要的国际经济贸易专门应用型人才。

为了实现差异化的人才培养目标，为了体现行业背景和传统优势，医药类院校培养国际经济与贸易专业人才在课程设置上都要突出医药特色，除了和综合类、财经类院校类似的通识课程和经济贸易类课程外，所有医药院校都为该专业学生开设了医药类课程，中医院校还开设中医类课程。现在很多院校都设置课程模块，以下列举各院校课程模块中共同的课程。

表 1-5　医药类院校国际经济与贸易专业课程模块

经济学类模块	国际贸易类模块	医药类模块
宏观经济学	国际贸易理论	医学概论
微观经济学	国际贸易实务	药理学
统计学	国际金融	药剂学
计量经济学	货币银行学	
国际经济学	广告学	
世界经济概论	市场营销	
政治经济学	会计学	
	商务英语	
	外贸函电	

有的院校除了以上三个模块，还开设了经济贸易与医药结合模块，比如：医药商品学、卫生经济学、药事管理学、卫生法学等。总之，现有医药院校的国际经济与贸易专业在专业定位上都具有明显的医药特色，各校均有意识地依托其医药背景，发挥边缘学科对主流学科的辅助作用，力求凸显其医药行业特色，重点培养满足医药行业需要的经贸复合型人才。

三、南京中医药大学国际经济与贸易专业发展历程

南京中医药大学是全国首家设立国际经济与贸易专业的医学院校，目前的专业数量、招生人数在医学院校中是领先的，为医学院校开设经管类专业提供了实践层面的参考。国际经济与贸易专业也是该校申办的第一个非医非药类专业，对推动该校由单一性学科发展向多学科发展起了关键性的推动作用，为该校多学科发展的战略定位提供了支撑。

南京中医药大学国际经济与贸易专业是 1994 年 9 月由教育部正式批准设立的，其前身是医药国际贸易专业，1995 年 9 月正式招生。1999 年正式更名为国际经济与贸易专业（医药国际贸易方向），目前已有 21 届本科毕业生。2005 年社会医学与卫生事业管理（国际经济与贸易方向）获二级学科硕士点，目前已有 12 届国际经济与贸易方向硕士毕业生。

2010 年 7 月，根据《省教育厅关于公布 2010 年江苏省高等学校品牌特

色专业建设点名单的通知》（苏教高〔2010〕26号），南京中医药大学国际经济与贸易专业被省教育厅列为省级特色专业建设点，并于2012年顺利通过特色专业验收评估。2019年获批江苏高校一流本科专业建设点。

南京中医药大学国际经济与贸易专业实施"立足医药行业，突出实践能力"的专业定位，着眼于国际医药贸易的复合型、应用型、国际型人才培养，为发展我国医药对外贸易、扩大医药对外交流输送专业化人才。在中医院校的背景下，依托医学药学优势，本专业顺应我国医药产业和贸易发展需要，将"国际经贸"与"医药"相结合，进行交叉学科的研究，主要涉及以下领域：医药产业与WTO研究、医药产业国际化与跨国经营研究、我国医药产业竞争优势研究、卫生产业政策研究。近年来，本专业教师完成了十多项国家级、省部级重要科研项目，获得十多项省级以上学术与教学奖励与荣誉。

南京中医药大学在实践中不断探索国际经济与贸易专业学生的培养模式，构思教育资源优化方案，使社会资源教育化、教育资源社会化，国际资源国内化、国内资源国际化，校内资源协同化、知识能力复合化，创立了"校企合作办学"和"中外联合办学"的培养模式。先后同南京医药、扬子江药业、南京欧加农药业、江阴天江药业、连云港康缘、先声药业等著名医药企业签订合作协议，共同培养从事国际经贸的应用型人才。2000年"国际经贸专业校企合作办学模式的研究"教学课题被列入江苏省教育科学"十五"规划课题项目。在已有"先声班"的基础上，与先声药业集团，深化校企合作内涵，2008年共建"先声商学院"，产学结合、工学交替、顶岗实践、订单培养，从而增强办学活力，提高办学质量。2001年南京中医药大学与澳大利亚西悉尼大学（UWS）正式合作培养国际经济与贸易的学生，2001年"中外联合办学培养中医药经济与贸易国际化人才研究"被中国高等教育学会列入"十五"重大研究项目。

南京中医药大学国际经济与贸易专业的学生学习成绩优异、专业技能突出、创新精神和实践能力较强。同行专家与用人单位对南京中医药大学国际经济与贸易专业人才培养给予高度评价。国际经济与贸易专业共有4个班集体被评为江苏省级先进班集体，如国贸152班2019年被评为省级先进班集体。近5年，国贸专业学生参加大学生"挑战杯"竞赛获"创青春"全国银奖2次、全国铜奖2次、江苏省金奖3次；并完成20多项国家级、省级大学生创新创业项目；多人获得省级以上优秀毕业论文奖。2011至今，国际经济与贸易专业学生连续十年参加POCIB(国际贸易从业技能综合实训)全国大学生外贸从业能力大赛，多次荣获全国团体一、二等奖，学生个人获奖百余项。每年都有优秀毕业生被保送至国内著名大学读研，还有很多同学考取国内外著名大学研究生。例如，陈浩、顾仁君两位同学分别于2019、2020年被保研至浙江大学攻读硕士研究生；陆丽莉、程广昊、周皓旻、顾嘉璐分别考入南京大学、同济大学、香港中文大学和约翰斯·霍普金斯大学。国际经济与贸易专业学生近三年总就业率保持在96%以上，综合素质普遍提高，深受社会和市场的青睐。

思考题

1. 国外国际商务专业和我国国际经济与贸易专业对学生能力培养方面的相同点和不同点是什么？
2. 医药院校国际经济与贸易专业人才培养的定位是什么？
3. 我国国际经济与贸易专业毕业生未来五年就业前景如何？

第二章 国际经济与贸易专业培养目标及人才素质要求

内容提要

本章系统介绍了国际经济与贸易专业的培养目标和人才素质要求,并介绍了国内一些知名大学的同类专业培养计划,可为本专业同学确立个人学习目标指明方向。

第一节 国际经济与贸易专业人才培养目标

一、人才培养目标的定位

专业的人才培养应立足地方,面向行业,主动适应地方经济建设和社会发展需要,服务于经营、管理一线,富有实践能力和创新精神。人才培养的目标定位应体现三方面特点：

1. 体现为地方经济建设服务的特点

本科院校大多是地方政府以本地区经济建设的需求出发而建立的，它们适应需要而产生，适应需要而发展。所以在专业设置及人才培养上应带有明显的地方特色，要有明确的区域定位，全心全意为地方发展服务。当前各地区对外贸易发展迅速，每一地区都有一定的产业优势和出口经营优势，高校国贸专业人才培养应密切关注地方经济发展，为地方涉外经济活动的发展培养既掌握专业知识，又熟悉地方产业特点的专门人才。

2. 体现为行业服务的特点

从社会行业需求的角度出发，我国涉外经济活动可分国际贸易、国际投资、国际合作三个领域，所以国际经济与贸易专业培养的人才要能够在进出口贸易，外资引进、转移，国际经济合作等多个领域不同行业就业，而且要能适应这些行业的实际需求。

3. 体现以能力培养为重点

在培养目标上必须强调培养的人才能较快适应经营管理的一线需要，动手能力和适应能力强。具体来说，国际经济与贸易专业人才的能力主要包括以下几个方面：① 较强的学习思考能力，即发现问题和解决问题的能力；② 要具有国际交流和跨文化沟通的能力；③ 信息处理和电子商务的能力。

二、国际经济与贸易专业人才培养目标

2012年9月由中华人民共和国教育部正式颁布和实施了《普通高等学校本科专业目录(2012)》，为便于新目标的实施，教育部高等教育司编辑出版了《普通高等学校本科专业目录和专业介绍(2012)》，这为设置和调整专业、实施人才培养、安排招生、授予学位、指导就业等工作提供了重要的依据。依据专业目录，国际经济与贸易专业代码为020401，从属于0204经济与贸易类，为经济学学科门类。国际经济与贸易专业培养目标的相关规范如下。

（一）培养目标

培养本专业学生具备良好的思想品质，能够自觉遵守职业道德和法律

法规,掌握马克思主义经济学基本原理和现代西方经济学基本理论,熟悉世界贸易组织及不同国家经贸法规和业务流程,能够正确认识和把握当代国际经济、贸易的运行机制和发展规律,能够熟练使用一门国际通用的外国语言,能够熟练运用信息通信技术从事日常事务和涉外经济工作,具有广泛的知识面,对人文社会科学有广泛的涉猎,具有良好的沟通、应变、协调能力、创新能力和创业精神,能在政府机构及企事业单位从事管理、实际业务、调研和宣传策划工作,成为适应经济全球化、信息化、现代化建设需要的,具有创新精神、应用能力和国际视野的复合型人才。

(二) 培养要求

本专业学生主要学习国际经济与贸易专业的基本理论和基本知识,接受国际经济与贸易专业的基本理论和实务操作的基本训练,具备优良的素质结构、能力结构和知识结构等。毕业生应获得以下几方面的知识和能力:

(1) 掌握国际经济与贸易学科的基本理论、基本知识和国际经济与贸易专业实务操作能力和分析方法。

(2) 能够较好地运用统计学、计量经济学等分析方法对国际经济与贸易实际问题进行分析研究。

(3) 熟悉本国和主要贸易大国的贸易发展方针、政策和法规。

(4) 熟悉国际经济与贸易的理论前沿和行业需求。

(5) 具有较强的学习能力、写作能力、语言表达能力、沟通能力、熟练运用外语进行跨文化交流能力,以及计算机和信息技术应用等方面的基本能力。

(6) 具有能从事国际经济与贸易科学研究和实际工作能力,具有一定的批判性思维能力。

(7) 具有综合不同学科知识解决实际问题的能力、独立思考的能力和创新思维的能力。

(三) 主干学科

理论经济学、应用经济学、管理学。

(四) 核心课程

西方经济学、货币银行学、会计学、统计学、计量经济学、财政学、国际贸易理论、国际贸易实务。

(五) 主要实践性教学环节

社会实践(含社会调查、实习等)、科研和论文写作(含毕业论文、学年论文、科研实践等)。

(六) 主要专业实践

国际商务实践模拟、证券交易实务模拟、国际商务谈判模拟、统计分析软件应用。

三、国际经济与贸易专业人才培养规格

根据上述培养目标,国际经济与贸易专业人才的培养规格可以定位为:"一德""二素质""三基""四能""五证"。

"一德",即具有从事国际商务工作所必需的良好职业道德。德育是教育的核心。职业道德教育是德育的重要组成部分。从国际经贸专业来看,职业道德教育就是要让学生懂得从事国际商务职业所要求的道德准则,具有国际商务职业所要求的道德心理、道德情操、道德修养与道德品质,在毕业后的职业生涯中能够很好地遵守国际经贸行业的规章制度与道德规范,履行自己的职业义务与职业责任,守信重诺践约。

"二素质",即具有国际商务活动所必需的良好的从业素质与创业素质。无论是从业,还是创业,都要求学生具有德、智、体、美全面发展的综合素质,具有良好的国际经贸专业素质。所不同的是,创业素质对学生风险承受心理、抗击风险能力、业务管理能力、市场驾驭能力等提出了更高的要求。因此,国贸专业人才的培养规格应当兼顾上述两个方面的要求,以便该专业培养方案既能适应学生从业于国际商务领域的需要,又能适应学生创业于国际商务领域的需要。

"三基",即具有从事国际贸易工作所必需的基本理论知识、基本实务知识与基本政策法规。基本理论知识主要包括经济学、贸易学、金融学、管理学、统计学等基础性理论及高等数学、计算机应用与外国语等知识与工具;基本实务知识主要包括国际商务谈判、订约、报检、通关、托运、保险、结汇和国际市场营销等贸易实务知识与技能;基本政策法规包括主要国别政策法

规、WTO 规则、国际公约与惯例等。

"四能",即实践能力、综合能力、创新能力和国际市场驾驭能力。实践能力是指适应外贸业务岗位实际工作需要的各种操作技能的应用能力,主要包括语言(尤其是外语)表达、计算机应用、人际交往、信息处理等基础技能,经济、金融、管理、财务等关联技能和国际商贸实务各环节、各方面专门技能的应用能力。

综合能力是指综合运用所学理论知识和技能,独立思考、分析、解决国际商务中出现的各种实际问题的能力。这种能力具有整合性的特点,它不是某种技能或知识的单独运用,而是该专业各种技能、知识的整合运用。这种能力是国贸专业高级应用型人才必须具备的重要能力之一,因为国际贸易本身就是一种综合性经营活动。

创新能力是指对国际贸易业务的开拓创新,对外贸实践的创新,主要包括国际商务的运作方式、操作方法、谈判技巧、营销方案、经营策略和拓展外贸业务等方面的创新,也可以说,这是更高层次的实践能力。贸易实践技能创新的重要性并不次于贸易理论研究的创新,从一定角度讲,贸易实践的创新对于国家、企业和个人甚至具有更重大的意义和更直接的利益关系。

国际市场驾驭能力是指收集、处理、利用各种有效信息,独立观察、预测国际市场的变动趋势,审时度势、随机应变、出奇制胜、驾驭国际市场的能力。这种能力是对实践能力、综合能力和创新能力的整合运用。这种能力与综合能力、创新能力,都无法通过某门或几门具体课程的教学而直接获得,而只能通过全程素质教育中各种知识技能的积累、综合、升华而逐步形成,且需要在贸易实践中不断探索、总结、概括而提高。

如果说各种实践技能的教学使受教育者能够基本适应外贸业务实际工作的需要,那么,综合能力、创新能力和市场驾驭能力的培养则决定了受教育者在国际商务职业中的成就与发展。因此,这四种能力既相互区别、相互制约,又相互联系、相互促进。它们的有机结合,构成了国贸专业的能力体系。

"五证",即指国家英语水平等级(6级)证、国家计算机水平等级(2级)证、国际商务职业资格证、本科学历证和学士学位证。

第二节　人才素质要求

一、素质与素质教育

人的素质的提高离不开教育。有什么样的素质，就有与之相对应的素质教育，素质与素质教育是密切联系的，要正确理解"素质教育"，首先必须了解何为"素质"。素质有广义和狭义之分，素质教育中的素质指的是广义的素质概念，是指在人的先天和后天生理特点基础上，通过环境和教育的影响，将人类发展的物质文明和精神文明成果内化、积淀于个体身上，形成稳定而巩固的生理和心理方面的属性，也就是把外在获得的知识、技能内化于人的身心，升华形成稳定的品质和素养，它包括身体素质、智能素质以及品德素质三个基本方面。素质的内涵具有时代特征，不同时代、不同历史时期对素质培养的要求是不同的。在农业经济社会，教育更多地偏重于知识经验的传授；在工业社会，教育较多地侧重于能力素质的造就；在信息社会，教育将日益注重于人的发展和素质的培养。

"素质教育"是在特殊的时代背景下提出的，是对传统的应试教育的挑战，是以提高国民素质为宗旨，以全面提高国民思想品德、科学文化和身体、心理、劳动技能素质，培养能力、发展个性为目的的教育。素质教育不只是重视传授科学文化知识和技能，而且更注重人的综合能力和全面素质的提高，是符合教育规律的更高层次、更高水平、更高质量的教育目标。

二、素质教育的目标要求

（一）培养创造思维的能力

思维方式是人类理性认识的形式、方法和程序，它反映了人们对世界的理解水平及认识的广度和深度，是人类的精神素质和科学技术素质总的体现。思维方式的变革，思维能力的提高，是造就优秀人才的基本条件。创造思维能力是推动现代社会发展的重要因素,是新的生产力。这一点已形成世界各国的共识,许多国家为此还开设思维科学课程,实施对学生创造思维能力的培养。素质教育的核心在于创新,落实到人才培养上,就如《中共中央关于教育体制改革的决定》中所要求的那样,要培养学生"不断追求新知,具有实事求是、独立思考、勇于创造的科学精神"。

(二)培养勇于竞争和广泛合作的能力

随着全球经济一体化的发展,一个为发展而广泛合作的时代已经到来,一个在广泛合作中求得更快发展的激烈竞争格局已经形成。为发展而合作,为发展而竞争,已经成为时代的特征。未来的人才将进入多领域进行多层次、多形式的交流与合作,也将面临更加激烈的竞争。因此,具备勇于竞争和广泛合作的能力,善于处理竞争和合作的关系,应当成为今后我国素质教育的重要内容。

(三)以人为本,注重人的全面发展

全面发展不仅是人自身发展的要求,也是适应不断丰富的社会生活的要求。人的全面发展是一个不断接近没有终点的目标的过程,素质教育的目的就是要尽可能地接近和实现这一目标。要通过素质教育使学生的知识结构更加合理,人文素质更高,能懂得生活、了解生活,并能更融洽地生活于现代社会之中。为此,要把给学生以全面的知识熏陶,使之具有知识交叉的优势作为素质教育的一项基础性工作来开展。要进行全面知识熏陶就应重视各个知识领域的整合。这种整合不是简单的堆积,而是把学生看作能动的主体,根据学生的特点和需要,以学生的发展为本位,将以人文精神为核心的自然科学和人文科学知识进行融会贯通。

(四)注重培养受教育者的个性和可持续发展性

素质教育强调培养人的创新能力,而创造性与个性有着密切的联系,只有充分发挥个性,才能激发创新意识,培养创造能力。学生的个性发展是学生自身发展的最好体现。所谓学生的个性发展并不是否认学生一般水平的发展和共同标准的达到,教育学原理表明:人的共性是个性与个别性的结合。素质教育强调学生有个性的发展并主张将这一理念贯彻落实到教育教学的每一个环节。20世纪70年代,终生教育成为一种被普遍接受的教育观

念,受教育既是手段又是目的,既是接受更是发展,教育不再是一个被动的短暂的消极的接受过程,而是一个主动的终生的积极的发展过程。素质教育顺应了这样一种潮流,它重视书本知识的积累,更重视现实生活能力的发展;重视接受性的学习,更重视独立性、创造性性格的养成。素质教育不仅关心受教育者学什么,更关心他们怎样学;不仅关心他们现在的学习,更关心他们未来的学习和发展。

(五) 加大非智力因素的培养,增强适应环境和心理承受的能力

在现代社会人才成功的因素中,除了智力因素外,非智力因素也是十分重要的条件。根据心理学家的观点,21世纪的人才应该具有很强的责任感和自信心,有坚强的毅力,热爱生活,对生活始终持有积极态度,有宽广的胸怀和包容万物的态度,能自我发展,具有表达、演讲能力和组织协调能力及交际能力。而当代大学生从家门到校门再直接进入社会,多是在学校正面教育和家长精心呵护下成长起来的,缺乏社会经验,缺乏实践的锻炼。由此可见,在人才培养中加大非智力因素培养的比重,增强环境适应能力和心理承受能力的培养也是素质教育的重要目标。

三、国际经济与贸易专业人才素质的含义

国贸专业人才素质,主要指通过全日制大学本科四年的修业期满,国贸专业应届毕业生所应具备的知识结构、实践能力和素质的总和。可集中体现为思想品德素质、基础能力素质、专业能力素质和创新能力素质四个方面。社会与市场对国贸专业人才综合素质的认可,是评价国贸专业人才综合素质的客观依据,是确定高等学校国贸专业人才培养目标的基本出发点和最终归宿。国贸专业人才综合素质的核心内容,是在对用人单位(主要指从事国际贸易或与国际贸易工作相关的涉外企事业单位)进行长期深入调研,了解用人单位对国贸从业人员(主要指应用型国贸专业人才)应具备的知识结构、实践能力和综合素质要求,结合国贸专业人才培养计划的基础上总结、归纳、提炼而形成的,充分体现了新形势下社会对国贸专业人才综合素质的具体要求和期望。

依据国际经济与贸易专业人才培养目标和素质培养规律,我们把本专业人才素质划分为思想品德素质、基础能力素质、专业技能素质和创新能力

素质四个层次,具体素质构成及内涵见表 2-1。

表 2-1 国际经济与贸易专业人才素质构成表

层次	构成	内涵
思想品德素质	人生观、价值观	具有自尊、自重、自立、自强的自主精神； 具有发奋有为、积极向上的进取精神； 具有勇于探索、不断开拓的创新精神； 具有团结互助、主动合作的协作精神；
	道德修养	具有历史使命感和社会责任感； 能处理好个人与社会、个人与集体、个人与他人之间的关系； 具有良好的道德品质和行为规范,待人真诚、注重诚信、吃苦耐劳、乐于奉献、爱岗敬业、脚踏实地
	个性、人格	具有健全的人格和全面发展的个性； 性格谦虚友善、有积极的情感和坚强的意志
基础能力素质	外语熟练程度	能熟练运用一门外语(如英语)； 在基础英语和专业英语方面能熟练地听、说、读、写、译,并达到较高水平； 能熟练地运用一门外语(如英语)从事外经贸工作
	计算机应用操作	熟练掌握计算机应用知识与操作技能； 能熟练运用计算机和网络技术从事外经贸工作
	数理、统计学掌握程度	具备扎实的数学、统计学基础知识； 能运用计量、统计方法进行外经贸业务分析和研究
	人文、自然科学掌握程度	具有较宽的知识面,对政治、历史、文化和自然科学方面有较好的了解； 已选修人文、自然科学等课程且考试合格
	文献检索、资料查询能力	掌握文献检索、资料查询的基本方法； 具有独立调研、综合分析能力和科研能力
	身心健康状况	无重大疾病及疾病隐患,能胜任快节奏、多变化的外经贸工作；心理健康、心理素质好

续表 2-1

层次	构成	内涵
专业能力素质	经贸理论掌握程度	经贸基本理论功底扎实,且相关课程考试成绩优异; 能运用经贸理论和观点分析问题和解决问题
	经济政策与法规掌握程度	熟悉并掌握国内外经贸政策与法规,且相关课程考核成绩优异; 能运用经贸政策和法规分析和解决实际问题
	经贸实务掌握程度	具有扎实的经贸实务基本知识和操作技能,相关课程考试成绩优异; 熟练运用进出口模拟软件进行经贸实务的模拟操作且考试成绩优异; 能进行经贸实际流程的操作,且专业实习和毕业实习考核成绩优良
	经济管理掌握程度	熟悉并掌握经营管理的相关知识和技能,且相关课程考试成绩优异; 具有经贸管理方面的初步经验
创新能力素质	职业适应能力	在实际业务中能将所掌握的经贸知识融会贯通,运用起来得心应手; 对职业有较强的驾驭能力和自信心,并能很快进入角色
	业务拓展能力	具有敏锐的市场意识和良好的商业交往能力; 具有百折不挠的职业作风和快速应变、理性分析的综合能力
	知识更新能力	善于根据业务需要获取新知识,提升自身综合素质; 善于在工作中寻找规律并做到举一反三、触类旁通
	组织协调能力	善于进行全方位沟通和资源整合; 善于带领团队协同作战

第三节　相近专业的人才培养目标及素质要求

一、市场营销专业培养目标及素质要求

（一）专业培养目标

本专业旨在培养掌握市场营销和工商管理基本理论、知识和技能，具备市场调研和开发的能力，能在企业、服务机构从事营销调研、市场策划、广告策划、市场开发、品牌管理、产品管理、销售管理、市场维护等岗位工作的高素质应用型人才。

（二）业务培养要求

本专业合格的毕业生应按规定修满学分，通过学位论文答辩，英语通过大学英语四级考试（CET-4），计算机通过省级或全国一级考试，还应具备以下的知识和能力。

1. 知识结构要求

（1）掌握管理学、经济学的基本理论。

（2）系统掌握市场营销、市场调研的基本知识和技能。

2. 能力结构要求

（1）掌握市场营销的定性、定量分析方法。

（2）具有较强的语言与文字表达、人际沟通以及分析和解决营销实际问题的基本能力。

（3）熟悉我国有关市场营销的方针、政策与法规及了解国际市场营销惯例和规则。

（4）了解本学科的理论前沿及发展动态。

（5）掌握文献检索、资料查询、数据处理的基本方法。

3. 素质结构要求

（1）具有良好的思想道德品质。

(2) 身心健康。

(3) 具有正确的人生观和价值观。

(4) 具有良好的职业素质。

(5) 具有良好的社会沟通与交往能力。

二、电子商务专业培养目标及素质要求

（一）专业培养目标

本专业培养具备经济管理与现代商务理论基础，掌握电子商务技术、电子商务管理的基本知识和基本技能，具有现代商务的理论基础，具有使用网络开展商务活动的能力，能在商贸领域、政府机构从事电子商务系统的设计、开发、管理等工作，基础扎实、知识面宽、综合素质高，具有创新意识和实践能力的应用型专业人才。

（二）业务培养要求

本专业学生主要学习管理、经济、计算机技术等方面的基本理论和基本知识，接受电子商务技术、电子商务管理方法和技巧方面的基本训练，具备现代电子商务操作技能，具有分析、管理、规划和设计电子商务应用问题的基本能力。

本专业学生在完成学业时，专业水平和技能应达到以下要求：

1. 知识结构要求

(1) 掌握经济、管理与电子商务原理等方面基本理论知识。

(2) 掌握信息科学与技术、计算机及网络的基本理论与基本知识。

(3) 掌握电子商务法律法规、标准体系、发展战略、前沿学科等综合知识。

2. 能力结构要求

(1) 具有一定的电子商务系统设计、开发、管理的应用能力。

(2) 熟悉国际电子商务活动的惯例。

(3) 具有较好的英语语言运用能力和借助工具书阅读专业英语书刊的能力。

(4) 熟练运用计算机，掌握文献检索、资料查询的基本方法，能查阅本专

业外文资料。

（5）具备开展电子商务活动、从事电子商务业务的基本能力。

（6）进一步自主获得知识的能力。

3. 素质结构要求

（1）具有良好的思想道德品质。

（2）身心健康。

（3）具有正确的人生观和价值观。

（4）具有良好的职业素质。

（5）具有良好的社会沟通与交往能力。

第四节　主要高校人才培养方案介绍

一、浙江大学国际经济与贸易专业培养计划

（一）培养目标

培养具有全球竞争力和宽广的学科背景，掌握国际经济贸易的理论知识和实务技能，能够胜任外经贸企业及政府部门工作的复合型高素质专门人才。

（二）培养要求

学生主要掌握国际经济学方面的基本理论和基础知识，受到国际贸易、国际投资和国际经济合作等方面业务的基本训练，具有对外经济贸易领域工作的基本能力。毕业生应获得以下几方面的知识与能力。

（1）掌握通识教育类、学科基础类、专业核心类课程知识，并能运用国际经济与贸易的基本理论和方法对本专业领域的现象和问题进行分析和判断，提出相应的解决思路。

（2）掌握国际经济与贸易的实务操作技能与应用能力，具备适应实际工作岗位的基本技能与水平。

（3）能熟练运用现代经济学的分析方法和工具对本专业领域的数据信息进行统计处理与计量分析。

（4）了解本学科的理论前沿和发展动态，具有创新思维，有初步的科研创新能力。

（5）具有国际视野和国际化的沟通交流、竞争与合作能力。

（6）具有团队协调、适应与组织管理能力，并具有自主学习和终身学习的意识和能力。

（7）执善向上，具有经世济民的社会责任感，敬业精神强，遵守职业道德和职业规范。

（三）课程体系

（1）通识课程：通识必修课有思想道德修养与法律基础、中国近现代史纲要、毛泽东思想邓小平理论、马克思主义基本原理概论、形势与政策、体育、大学英语、计算机科学基础、Python程序设计、C程序设计基础、微积分、线性代数等。通识选修课程下设"中华传统""世界文明""当代社会""文艺审美""科技创新""生命探索"及"博雅技艺"等"6+1"类。

（2）专业基础课程：政治经济学、微观经济学、宏观经济学、计量经济学、线性代数、概率论与数理统计和中级微观经济学。

（3）专业必修课：国际贸易学、国际金融学、商务沟通英语、国际贸易实务、国际电子商务、产业组织理论、中国对外经济贸易、中级国际贸易学、国际营销学、中级计量经济学、国际结算、期货理论与实务、国际经济前沿专题、国际商法、国际商务。

（4）专业选修课（个性课程）：会计学、公司金融、公共经济学、知识产权法、国际关系学、国际财务管理、经济法、外贸商品学。

（5）主要实践性教学环节：社会调查、经济统计软件及应用、专业实习、毕业论文。

培养方案详情见 http://www.cec.zju.edu.cn/_upload/article/files/46/63/012ff7e64ad2a571da25662aaec5/bc11cb88-3324-42cc-bb7a-740c6eecd3a9.pdf

二、武汉大学国际经济与贸易专业培养计划

(一) 培养目标

经济学大类培养目标：依托国家级一级学科重点学科、"双一流"建设学科——理论经济学和湖北省重点学科——一级学科应用经济学，培养适应经济全球化和中国经济现代化需要，具有扎实的经济学基础知识和基本理论，掌握现代经济学的方法，熟悉中国经济运行与改革实践，知识面宽广、适应能力和实际工作能力强，兼具国际视野、人文情怀、创新精神和专业素养的德才兼备、全面发展的拔尖创新人才。

(二) 培养要求

要求学生掌握经济学基本原理和国际经济与贸易的基本理论、基本知识；掌握对国际经济与贸易问题进行定性和定量分析的方法，并能对国际经济与贸易中的主要问题提出解决办法；具有较强的语言与文字表达能力和人际沟通能力以及组织协调能力；熟悉对外经济的有关政策法规和国际贸易与投资的规则及惯例，具备较强的国际商务经营管理技能，了解本学科的理论前沿和发展动态，掌握从属科学研究的基本方法，具有从属科学研究的基本能力。

(三) 课程体系

(1) 公共基础课程：大学英语、体育、毛泽东思想邓小平理论、形式与政策、计算机基础、思想道德修养与法律基础、中国近现代史纲要、军事理论、马克思主义基本原理、高等数学、线性代数、概率论与数理统计等。

(2) 专业基础课：微观经济学、宏观经济学、计量经济学、商业伦理与社会责任、管理学、会计学、统计学、政治经济学等。

(3) 专业课：世界经济概论、国际贸易、国际金融、国际投资与跨国公司管理、国际商务。

(4) 专业选修课程：公共经济学、国际经济学、当代中国经济改革与发展、组织行为学、财务管理、市场营销、管理信息系统、运营与供应链管理、经济法、中级宏微观经济学、中级计量经济学、商务统计与计量实验、贸易实务与国际结算、国际投融资实务、国际市场营销、国际商务谈判、最优化方法、

贸易地理与空间计量、应用数理经济学、全球价值链治理、能源环境经济学、证券投资学、现代宏观经济学导论、国际贸易政策分析、世界经济前沿问题专题、中级财务会计等近百门课程。

（5）实验教学：包括独立开设的实验教学课程和理论课程教学中的实验教学内容。专业实践教学环节包括毕业实习、暑期社会实践等，学生在第八学期进行专业毕业实习和研究撰写毕业论文，还可在其他时间以其他方式参加社会实践。

培养方案详情见 http://ems.whu.edu.cn/local/6/97/07/CEBDE38AFA9215B1C5BB0BD7B5A_67589B5C_3A83C.pdf?e=..pdf

三、对外经济贸易大学国际贸易专业培养计划

（一）培养目标

本专业旨在培养具有深厚的人文底蕴，宽厚的国际经济、商务、法律和管理基础理论，宽广的国际视野，通晓国际规则，能够进行跨文化交流，具有强烈的创新意识和责任意识、能从事国际商务经营、管理和研究工作的国际化、复合型高素质专门人才。

（二）培养要求

（1）具有较宽的知识面，对于政治、历史、文化和自然科学等方面有较深刻的了解。

（2）具备坚实的数学基础，熟练掌握计算机应用技能。

（3）熟练掌握一门外国语，在听、说、读、写、译五个方面均达到较高的水平。

（4）掌握国际贸易基本理论、基本知识和一定的专业技能，熟知国际贸易通行规则和惯例以及中国对外贸易政策法规。通过系统地辅（选）修金融、保险、财务、投资等专业课程，获取多样化的专业技能。

（5）具有一定的分析能力、创新能力和决策能力。

（三）课程体系

（1）通识通修课程：大学英语、体育、毛泽东思想邓小平理论、形式与政策、计算机基础、思想道德修养与法律基础、中国近现代史纲要、军事理论、

马克思主义基本原理等。

（2）学科基础必修：政治经济学原理、经济学导论、微观经济学、货币银行学、宏观经济学、财政学、国际贸易、国际经济学等。

（3）学科基础选修课：贸易、商务类课程、经济学类课程、金融类课程、运输物流类课程、项目投资类课程和荣誉类课程。

（4）专业方向必修课：国际贸易实务、国际金融学、跨国公司、产业经济学、产业组织理论、贸易数据库与分析工具。

（5）主要实践性教学环节：社会实践（军政训练、社会调查、其他实践）、专业实习（认知实习、岗位实习）、毕业论文。

培养方案详情见 http://jwc.uibe.edu.cn:82/ADMINUI/UploadFiles/files/1_linjingtan/201610262004203943.pdf

四、北京大学国际经济与贸易专业培养计划

（一）培养目标

本专业培养经济理论扎实、外语熟练规范、计算机网络应用技术好的综合型涉外经济与跨国经营方面的人才，以努力适应中国全方位开放对具有全球视野的新型人才的需求。学生毕业后，可以在政府或金融机构的涉外部门中担任经济分析和项目规划等工作，可以从事各类外企和跨国公司的决策参谋和管理咨询等方面的工作，也可以承担大专院校和科研机构的教学和科研等工作，还可以出国留学或在国内继续深造以冲击更高的目标。从大学三年级开始，本专业培养方向主要侧重于世界经济、国际贸易、国际金融、国际投资、经济全球化、国别经济、WTO研究、"一带一路"研究等。

（二）培养要求

通过四年的学习，学生应熟练掌握国际经济与贸易学科的基础知识和经典理论，能使用科学方法对国际经济与贸易问题进行分析研究，熟悉全球经济发展趋势及我国的对外开放战略、政策与行业发展现状，外语和信息技术运用达到较高水平，具备较强的综合能力，能适应多领域、不同工作岗位的需要。

（三）课程体系

（1）通识教育课程：分为四个系列：Ⅰ.人类文明及其传统；Ⅱ.现代社会

及其问题;Ⅲ.艺术与人文;Ⅳ.数学、自然与技术。每个系列均包含通识教育核心课、通选课两部分课程。

(2)专业必修课程:高等数学、线性代数、概率统计、微观经济学、宏观经济学、计量经济学、政治经济学、国际贸易、国际金融、国际投资学、世界经济史、世界经济专题、中国对外经济、发展经济学、货币银行学。

(3)选修课程:国际营销学、跨国公司管理、中国对外经贸战略、经济全球化、经济地理学、专业英语、美国经济、日本经济、欧盟经济、东亚经济、营销学、统计学、应用计量经济学、中国经济史、信息经济学、金融经济学导论、公司金融、保险学原理、风险管理学、商业银行管理、投资银行学、证券投资学、金融衍生品、会计学原理、财务报表分析、福利经济学、国际税收、公共选择理论、农业经济学、生态经济学、激励理论与经济发展等。

培养方案详情见http://www.dean.pku.edu.cn/userfiles/upload/download/202009211533394297.pdf

五、东南大学国际经济与贸易专业培养计划

(一)培养目标

本专业秉承"卓越化、国际化、研究型"的人才培养理念,在"宽口径、厚基础、精英化"的人才培养思想指导下,着重培养经济理论扎实、国际视野宽阔、专业技能优良的复合型国际经济与贸易方面的高级人才。毕业生可以从事外贸企业和跨国公司的业务管理和组织经营工作,可以担任政府部门和金融机构的经济分析和战略投资工作,也可以胜任大专院校和科研机构的教学管理和学术研究工作等。

(二)培养要求

本专业毕业生应掌握国际经济与贸易的基本理论和对外经贸交流的基本技能,熟悉国家外贸政策、国际经济形势变化以及国际贸易理论前沿动态,精通对外经贸、国际投资管理及贸易政策分析等国际贸易业务的各项技能,并在开展市场营销、研究战略决策、熟知法律法规等方面具有较强的专业能力与综合素质。

(三)课程体系

(1)通识教育基础课:马克思主义基本原理概论、德育课及文化素质教

育类课、体育、中国经济文化专题、高等数学、线性代数、概率统计与随机过程、计算机类课程等。

（2）**大类学科基础课**：微观经济学、宏观经济学、计量经济学、金融学、国际经济学、管理学、会计学、统计学、经济法、数据库原理等。

（3）**专业主干课**：国际商法、国际金融、国际贸易实务、外贸口语、外贸函电、国际市场营销等。

（4）**主要实践性教学环节**：计算机综合课程设计、国际贸易调查、国际贸易实务操作、毕业（论文）设计等。

培养方案详情见 https://jwc.seu.edu.cn/_upload/article/ee/cf/a4f7570b415f913a2490068a136d/bf740661-e851-4cde-8598-e9390b5364e1.pdf

阅读思考材料

外贸业务员：跨越国界的"买卖"

关于"外贸"是什么，很多人都能说出答案。但要真问起"外贸业务员"是做什么的，大多数人都会哑然，即使在义乌这座靠外贸为生的城市里，也少有人清楚。因为外贸归根结底是一个不太起眼的行为——买卖，只是这"买"和"卖"的行为之间隔着国家边界。后来人们再问起我是做什么的，我会说是销售员，只是客户都是外国人。

记得高考填报志愿的时候，我还挺随性的，"国际经济与贸易专业"看起来还蛮有国际范儿，加上老家义乌在对外贸易方面发展得比较好，就选了这个专业。跟着第一感觉走，往往是我们射手座的习惯。

咖喱味的第一份工作

大学期间，我对贸易实务课上老师的一句话印象深刻：外贸是实践性很强的工作，无论选择哪个岗位，面对的是永无止境的挑战。大学毕业后，我的目标很明确，想要摆脱陈旧的书本案例，积累真正有效的工作经验。于是，在众多岗位邀请中，我选择了 ESS TEE 跨国贸易集团在义乌的办事处作为第一站。办事处的分工相对来说不是特别明确，这样可以不让自己固定在某一岗位上机械地工作，对于主动的人来说，不固定岗位意味着能学习到更多。

ESS TEE 义乌办事处不大，几张办公桌，还有一些办公设备和文件，到处弥漫着印度香氛的香气。我的印度籍上司 Kumar 先生常常像老师一样，一步步教我如何正确又简洁地回复客人的邮件，耐心地跟我讲解一个词一个句子如何更好地表达，遇到客人的投诉要如何解决。我曾经担心自己英语口语不够好而影响工作，他语重心长地对我说："对于外贸业务员，最重要的是在和客户的交流中有逻辑有重点，用最接地气的语言表达最专业的内容，才是上策。Don't worry！"

虽然后来我离开了这个小小的办事处，但我依然记得午后我假装抱怨辛苦的时候，Kumar 先生满口印度腔地调侃道："Then drink hot water！"总部的老板在我离职之后，也会给我打电话，用别扭的中文祝我春节快乐。也许这就是一个跨国企业的魅力吧，关怀超越了肤色和文化，让人每每想到，心中都充满冬日阳光般的温暖。

和罗比先生的小秘密

熟悉了业务流程后，我成功迎来第一位客户——来自巴哈马群岛的罗比先生。巴哈马是一个旅游胜地，罗比先生是当地著名的旅游纪念品批发商。

罗比先生要购买的纪念品种类繁杂，而且分布在义乌商贸市场不同的区域，仅要购买的几种旅游冰箱贴就分布在十几家不同的商铺。所以我得在上千家商铺中挑选出几十家合适的卖家，才能在他到达时准确而有效率地进行导购。

高跟鞋换成了运动鞋，每日"微信运动"步数至少三四万，我虽是喜欢逛街的女生，但连续几天的市场考察着实让人感到辛苦。市场庞大，商铺众多，为了减轻罗比先生的负担，避免重复路程，我绘制了简易地图，标记了必去摊位，还标注商铺出售的商品种类和照片。一星期后，罗比先生来到义乌。他根据我提前标注的路线图进行考察，很快就确定了要采购的物品，没想到第一次带客户采购居然如此顺利。

之后，我将所有产品信息资料整理成 Excel 文件，通过邮件的形式发送给罗比，清单上除了记录所需要的产品单价、材质、装箱数量、装箱重量以及体积，还记录了是否需要定制 Logo 等细节。这一环节在我们的专业领域中被称作"预采购"，而预采购时是否能清晰表达产品内容，是否能符合客户需求都直接影响着后面的订单成功与否。预采购结束,客户进行最后一轮筛选,才迎来最终的正式采购,等采购物品顺利出仓到达美国签收,这一单外贸业务才算完美结束。

罗比先生回国前,塞给了我一笔小费。他说他身上只有美元,特意找我的上司提前换成了人民币。递给我的同时,他还附赠了一个善意又调皮的wink,说道:"Keep it! It would be our secret. Thank you for these days!"挡不住罗比生的坚持,我没有拒绝这笔小费,因为这是我和罗比老先生之间的小秘密,也是我和他互相信任的见证,更是客户对我第一份业务的鼓励呀!

化被动为主动

为了寻求更长远的发展,在 ESS TEE 工作一年后,我选择去拥有很多优质客户的宁波凯越集团工作。对我而言,这是更广阔的外贸天地!

与 ESS TEE 大多对接单人客户不同,凯越的客户基本上是国外大型供货商或国外专业买手,比如我负责的美国大型连锁零售超市 99 Cents。我们和 99 Cents 已经稳定地合作了四五年,但在整理历年售货清单时,我却发现这个合作其实存在着危机:我们作为一个连锁超市的供应商,竟然每年只能合作 10 款产品,并且还有部分产品面临淘汰。那些面临淘汰的产品,并不是 99 Cents 不再需要了,而是随着人工以及材料成本的不断增加,工厂没有办法再以原来的价格供货。而本身售价只有 0.99 美元的产品,在进价增高后,销售利润就会降低,对价格极度敏感的 99 Cents 自然会放弃。如果要继续维护住这个大客户,打价格战可能不是最好的办法,也许得思考别的方案。

之前为了采购小商品,我几乎每天"驻扎"义乌商贸城,认识了大大小小上百家工厂供货商,在和他们的聊天过程中,我能很快掌握许多小商品行业的最新风潮。当时有一款非常火爆的玩具——指尖陀螺,在美国和欧洲市场反响不错,但在大型商场中却出现得比较少。产品外贸抓两端——销售端和生产端,得知销售端的行情不错之后,我们赶紧向生产端的玩具工厂询问价格,并了解是否有更新款的类似产品在研发。与此同时,我也主动地向 99 Cents 展示了一份新的产品采购方案,其中包含 2 款产品,普通指尖陀螺和蓝牙 LED 彩灯指尖陀螺,两者区别在于后者的蓝牙连上手机之后还能播放音乐,同时 LED 灯会有 18 种变化。

正如我们预料的一样，客人对现有的普通指尖陀螺的价格非常敏感，不愿采购，然而对于新款蓝牙 LED 彩灯指尖陀螺，却很感兴趣。为了能尽早上市售卖，领先其他竞争对手，99 Cents 追加了几个集装箱的货。

在外贸业日益发展的今天，外贸业务员只把关注点放在价格上，仅仅找客户需要的低价产品，无异于自掘坟墓。绝大多数外贸公司都没有生产能力，面对廉价产品制造业的衰败，外贸业务员应该把眼光瞄准新的产品，为客人提供更多可选产品方案，将被动化为主动。

做了这么久的外贸业务员，我始终觉得这不仅仅是依靠业务技能的工作，更多的是综合素养的比拼。国家和国家之间有着历史、政治、地理、文化的不同，每一次贸易都要顺应潮流的变迁；遇到货物出状况，要安抚客户情绪，咨询多方意见，及时提供解决方案……但也正是因为种种考验，让这份职业在我的心中留下了羁绊。作为一个普通的外贸业务员，通往未来的路还很长，但值得高兴的是到目前为止自己完成了每一次的挑战，也赢得了客户和供应商的信任，这可能就是我做外贸获得的最大的幸福感吧！

思考题

如何自我修炼成为一名优秀的外贸业务员？

第三章
国际经济与贸易专业的学科基础

 内容提要

本章系统介绍国际经济与贸易专业的理论范式、主要研究内容与研究方法,梳理了国际经济与贸易理论与政策、国际金融等领域研究的进展情况,并对具有代表性的典型研究进行了介绍,以利于学生对国际经济与贸易专业的学科基础有初步的概况性了解。

第一节 国际经济与贸易专业的理论范式

国际经济与贸易理论一方面旨在解释国际贸易发生的原因以及贸易格局的决定等问题,另一方面分析贸易利益的来源、贸易利益的国际分配以及经济效应。不同理论从不同视角、基于不同假设条件进行深入研究,形成了不同的理论范式。

一、国际贸易理论研究范式

国际贸易理论是国际经济学的一个重要组成部分,是开放条件下微观经济主体经济行为规律及其形成机制的探索。衡量不同国际贸易理论范式的基本尺度是:借以立论的经济学基础是否有根本性的变化;理论本身是否建立在不同的动力机制上,即是否改变了价格差作为贸易原因或动力的基本观点。因此,在不同的发展阶段,国际经济与贸易学科具有不同的理论范式。这一发展过程伴随着现实经济的发展而不断向前推进。

古典贸易理论的基本前提是:企业处于完全竞争市场结构中;在当生产要素从一个部门转向另一个部门或其他部门时,增加某种商品生产的机会成本不变;一国的生产资料在本国范围内得到充分利用;生产要素在各国之间不流动;各国对商品贸易不加干预。古典贸易理论的核心内容是比较利益理论,这一理论有两种理论表述。一种是技术差异论,认为各国之间开展贸易的基础在于价格差。这种价格差来源于各国生产该商品时劳动生产率的差别,表现为各国劳动力熟练程度上的差别,从而使单位产品的成本出现差异。各国在同一商品生产上的劳动生产率差别又进一步表现为生产某种产品的机会成本的差别。从相对意义看,各国专门生产其中一种劳动生产率较高的商品时,可以发挥本国生产要素的比较优势,即将本国的生产要素都投入到生产机会成本比较低的商品,进而通过国际贸易交换到本国放弃生产的那种产品。在这里技术差异引致的劳动生产率差异成为各国进行国际贸易和分工的原因和决定各国专门生产某种商品结构的基础。这种贸易和分工使参加国际贸易的双方都获得了利益。因此在这一理论的提出者亚当·斯密和大卫·李嘉图等看来,劳动生产率的差别或技术差别是各国生产同一产品时存在价格差别的基本原因,这种价格差及其生产者对较高价格的追求是国际贸易的原因或动力;每个国家专门生产自己具有优势的产品,并根据本国对产品的需要进行交换是国际分工形成的结构;各国经过国际贸易都能够获得实际收入水平的提高则是国际贸易的结果。古典国际贸易理论的另一种观点是赫克歇尔-俄林的生产要素禀赋论。在各国生产同一产品的技术水平相同的情况下,两国生产同一产品的价格差源自产品的成本差别,这种成本差别来自生产过程中投入生产要素的价格差别,这种生产要素的价格差别则决定于该国各种生产要素的相对丰裕程度。因此,国际贸易决定于各国生产要素的禀赋,每个国家专门生产密集使用本国比较丰裕生产要素的商品。总体来看,技术差异论和生产要素禀赋论的共同点在于,都以各国生产同一产品的价格或成本差别作为国际贸易的原因和动力。因此,尽管两种理论在形成的时间上相距约150年,但是其理论渊源没有根本性的变化。

新古典国际贸易理论放松了古典贸易理论各个次要假定前提。第一,将两个国家与生产多种产品生产联系起来,每个国家总是可以出口其中一部分自己有比较成本优势的商品,而进口另外一部分本国有比较劣势的产品,推进了古典贸易理论的使用范围,即无论是两种产品还是多种产品,国际贸易都能够用比较利益理论加以解释。第二,在多种生产要素条件下,同样可以依据两种生产要素的分析方法将多种要素下生产的多种产品按照相对价格比进行排列,得出要素禀赋在产品价格上比较优势的系列,仍然可以得出赫克歇尔和俄林的基本结论。第三,放松了机会成本不变的假定条件,当生产要素从一种产品的生产转向另一种产品的生产时,由于资源的稀缺性,其机会成本会发生变化。当本国有比较优势的商品产量增加时,本国总会在该优势行业尚未实现完全专业化生产水平以前边际成本就上升到等于边际收益的水平,从而本国的生产无法实现完全专业化,贸易结构会有某种程度的调整。第四,某种产品技术优势的转移使贸易结构发生变化,即从该产品的出口国变成进口国,而某些过去的进口国,由于技术的引进转变成出口国。因此,建立在各国技术差异基础上的国际贸易优势不是一个长期不变的量,相反从动态的角度看,建立在技术差异基础上的国际贸易优势是一个不断演变的过程。1957年,罗伯特·蒙代尔发表了具有重要意义的论文《商品流动与资本流动的关系》,从要素价格均等化的角度,说明商品流动与资本流动对生产要素价格均等化的相互替代作用。这意味着,当商品的自由流动遇到障碍时,资本流动将替代商品流动实现各生产要素价格的均等化。因此在放松了生产要素不能在各国之间自由流动的假定之后,广义上的要素价格均等化需要做一定的补充,即生产要素的价格均等化不仅可以通过自由贸易加以实现,也可以通过生产要素的跨国界流动实现,或者商品流动和生产要素的流动可以同时发挥作用,实现生产要素价格的均等化。

新贸易理论将不完全竞争与规模经济的关键假设引入国际贸易理论研究，研究重心由关注国家间的差异转向市场结构和厂商行为方面。一方面，生产某种产品的机会成本不是不变，而是变化的。机会成本递减的另一面就是由规模经济所引致的报酬递增。企业可以通过扩大其生产规模、降低商品的单位成本在竞争中占据优势地位。另一方面，大多数产品市场是不完全竞争的，获得垄断或控制权的便利途径是生产差异化产品。从一国封闭经济的条件下，市场从两个方面表现出不完全竞争的特点，一是规模经济排除了企业自由进入某些部门的可能性，二是差异产品意味着企业追求控制产品价格的可能性。这两个方面都打破了原有的自由竞争的市场结构。然而在一国市场范围内，追求规模经济效果和追求差异产品是矛盾的，解决这一矛盾的最佳途径是国际贸易的展开。国际贸易可以使批量生产的产品分布在不同国家的市场上，从而在每个国家都成为小批量、差异化产品。在规模经济发生作用的条件下，生产者和消费者对差异产品的追求是国际贸易产生的原因，因此，对规模经济效果的追求是对获得超额利润的追求，这是国际贸易产生的动力。此时的贸易结构与以往国际贸易结构的根本差异在于，古典贸易理论所揭示的国际贸易是产业间或部门间的贸易，而建立在规模经济和差异产品基础上的国际贸易是产业内贸易。

新兴古典经济学放弃了新古典经济学中生产者和消费者两分的假设，引入了专业化经济和交易费用作为核心概念，运用超边际分析方法，将古典经济学中最有价值的分工思想形式化，对传统的贸易理论框架进行重新思考，对贸易理论的基本问题给出新的解释，创立了新兴古典贸易理论（又称内生贸易理论）。新兴古典贸易理论认为无论国内贸易还是国际贸易都是折衷专业化经济与节省交易费用之间两难冲突的结果。即使所有人（既是消费者，也是生产者）都天生相同，没有外生比较优势，只要存在专业化经济，每个人选择不同专业后都会产生内生比较优势。然而，生产专业化与消费多样性之间存在矛盾，只有通过贸易才能解决。而贸易又产生交易费用，当交易费用大于每个人的专业化经济时，贸易不能产生，在多样化需求的强制下，每个人只能回到自给自足状态。贸易产生的经济条件是分工经济大于交易费用，这时每个人就可以选择不同的专业，并通过贸易来满足多样化需求。随着交易效率的不断提高，贸易由地区贸易发展为国内贸易，进而形成国际贸易；如果存在多样化消费收益，交易效率的改进会导致商品种类数的增加。一个社会的专业化程度、结构多样性、贸易依存度、商品化程度、经济一体化程度、生产集中度等组织结构问题都可以由此说明。

二、国际直接投资理论研究范式

跨国公司的国际直接投资和相关活动从根本上改变了世界经济格局，产生了既有理论难以解释的新经济现象。相关国际直接投资理论从微观上对企业的投资行为做了详细的阐述，分析跨国公司对外直接投资的基础、动因和流向，在一定程度上解释特定历史条件下的某一类或某几类的直接投资现象，但国际直接投资的迅速发展无论在广度上、深度上还是在具体的形式上都大大超出了任何一种直接投资理论所能涵盖的范畴。总体来看，国际直接投资理论形成了两大研究范式：其一是试图修正新古典国际贸易理论的主流经济学家使用的宏观经济学方法，特点是沿着赫克歇尔－俄林的贸易模型框架发展，从国家之间要素禀赋差异出发考察问题，强调跨国公司外部因素的影响；其二是立足于企业理论的微观经济学方法，该方法基本上是在不完全竞争框架内发展，解释为什么企业投资国外去生产与其在国内生产的同样产品这一根本问题。值得注意的是，这两种范式在以后的发展中并不是相互独立的，而是互相吸收对方的概念和观点，也吸纳其他领域的观念。因此，基于贸易理论的国际直接投资理论和企业导向的国际直接投资理论的分界线并不明晰。

要素禀赋流派可以追溯至罗伯特·蒙代尔的理论：过高的关税诱使资本从资本富裕国流出，以替代产品贸易。这种资本流动导致受资国的均衡生产点沿着这样的方向移动：资本密集型产业（即该国的比较劣势产业）扩大而资本不那么密集的产业（即该国比较优势产业）收缩，这种产出变化为著名的雷布钦斯基定理所显示。在母国，则呈现相反现象。结果是，贸易的基础，即两国之间现有的比较优势格局，逐渐被资本流动所侵蚀。近年来，西方学者提出了投资诱发要素组合理论，认为任何形式的对外直接投资都是投资直接诱发要素和间接诱发要素组合作用的结果。直接诱发要素是直接投资产生的主要因素，包括劳动力、资本、技术、管理及信息等，它既可以存在于投资国也可存在于被投资国，如果投资国拥有这方面的优势，投资者就要通过直接投资加以充分利用;如果被投资国拥有这方面的优势,投资者可以通过直接投资加以掌握,如发展中国家在发达国家投资设立研发机构或并购企业来提高本企业的研发水平、技术水平和管理能力等。间接诱发要素包括投资国鼓励性的投资政策与法规,与东道国的协议或合作,东道国优良的投资环境,以及经济一体化、区域化、集团化的发展,科技进步,国际金融市场上的利率与汇率波动等。如汇率与直接投资相互关系理论可以在一定程度上解释20世纪八九十年代以来外国对美国直接投资在短期内剧烈波动的现象。

利用国家之间在产品和工艺技术差异的投资的理论解释,产生国际贸易和投资的产品生命周期理论,将国际直接投资和跨国公司的技术转移与创新扩散联系起来。发明和创新一般都集中在高收入国家。在生产的早期阶段,供求力量与高收入市场紧紧连在一起:高收入市场购买力强,可以支撑发明或创新的强劲接受率;而科学家、工程师和高度熟练工人也高度集中于此,有利于产品和工艺的改进,因此,与发明和创新的消费一样,生产也与高收入市场相连。伴随新工艺或新产品趋于成熟,越来越多的模仿者因高利润而逐渐加入竞争行列。同时,大规模生产在技术上成为可能,不断降低平均生产成本,形成向其他发达国家的出口,以满足那里的高收入消费者对这种产品的需要。当竞争变得更加激烈、生产工艺或产品变得更加标准化时,将生产转移到海外低成本生产地点(通常是先转移到其他发达国家,再向发展中国家转移)既成为必要也具有可行性。巴特利和高歇尔对产品生命周期理论进行了扩展,提出产品创新(包括产品开发、技术和核心能力在国际间的转移等)、接近市场(本地化战略、产品差异化和本地改造等)和通过竞争降低成本(全球生产、标准化、合理化等)三位一体的跨国投资模式,与雷蒙德·弗农的产品生命周期理论相比,该模式强调了成本因素的重要性,将其从技术优势和区位优势中独立出来,较好地解释了国际直接投资的区位流向。

英国学者约翰·哈里·邓宁提出了国际生产折衷理论(所有权、内部化和区位理论模式),吸收了垄断优势理论、内部化理论以及证券投资分散风险为代表的金融理论的主要观点,并结合区位理论对跨国公司的国际生产经营活动以及对外直接投资行为进行研究。主要观点认为企业进行国际投资要具备所有权优势、内部化优势、区位优势等三要素,其中所有权优势是基础,内部化优势是实现这种优势的载体,区位优势是实现两个优势的充分条件,三个优势的充分发挥与相互作用可以使企业的跨国投资产生最大的整体效益。

同样是关注国际直接投资(或要素流动)与贸易的关系,小岛清提出了一个不同的理论,用以解释日本制造业的对外投资。他认为,国际直接投资有两类,即逆贸易投资和顺贸易投资。如果对外投资是具有国际比较优势甚至垄断优势的产业,就是贸易替代,将带来该产业产品出口规模的缩小,这是由于这类投资将这种产品的生产转移至国外后,会使国外市场对这种产品的进口减少。基本推论是比较优势产业应该通过出口而不是对外直接投资来满足国外市场需要。相反,如果对外直接投资出现在母国正丧失国际竞争优势的产业,就会进一步缩小该产业的生产,所释放出来的要素可转向国际竞争优势渐增的产业。对东道国而言,前一类投资对国民经济贡献甚微,如果所投资的产业是劣势产业甚至会恶化国民经济。不过,由于东道国经济落后于母国,东道国在资本密集度低一些的产业可能有比较优势。通过引进外国直接投资,东道国的生产边界就向该国比较优势产业扩大而资本密集产业收缩的方向变动,从而强化贸易基础。所以,国际直接投资如果能推动生产按比较优势的国际变化进行再配置,就可能促进自由贸易和共同繁荣。

三、国际金融理论研究范式

国际金融理论围绕汇率决定、汇率制度选择和国际收支调节等三个基本主线展开研究。

(一)汇率决定

汇率决定理论是国际金融理论的核心,主要研究汇率决定的影响因素、影响机制及其变动。经济学家对汇率的决定因素给予了不同的解释,由此形成了不同的汇率决定理论。

1. 传统的汇率理论

金本位制是以黄金为本位货币的货币制度,包括金币本位制、金块本位制和金汇兑本位制。流通中的货币是以一定重量的和成色的黄金铸造而成的金币,两国货币汇率的确定就是由两国铸币平价决定的,而市场买卖外汇的实际价格受市场供求关系的影响,围绕法定平价上下波动。

2. 购买力平价理论

研究和比较各国不同货币之间购买力关系。理论可以追溯到16世纪萨拉蒙卡学派和重商学派。购买力平价的概念最早由瑞典经济学家古斯塔夫·卡塞尔于1918年提出。其基本思路是汇率由两国购买力之比决定,汇率的变化由货币购买力之比的变化决定。

3. 利率平价理论

古典利率平价理论分析汇率与利率之间的紧密关系,认为远期汇率取决于利率平价并向利率平价作自动调整。现代利率平价理论认为远期差价由两国利率差异决定,并且高利率国货币在期汇市场上必为贴水,低利率国在期汇市场上必为升水。在两国利率存在差异的情况下,资金将从低利率国流向高利率国牟取收益。为保证金融资产的收益,套利者同时将套利与掉期业务结合,使得低利率货币的现汇汇率下浮,期汇汇率上浮,而高利率国反之。远期差价即为期汇汇率与现汇汇率的差额,由此低利率国货币就会出现远期升水,高利率国货币则出现远期贴水。随着抛补套利的不断进行,远期差价就会不断加大,直到两种资产所提供的收益完全相等,远期差价正好等于两个利差,即利率平价成立。

(二)汇率制度选择

1. 原罪论

提出者是加州大学伯克利分校的 Eichengren Barry 和哈佛大学的 Ricardo Hausmann。原罪论认为如果新兴市场国家的金融市场有较大的脆弱性,会出现两种情况,一是该国的货币不能用于国际借贷,二是本国的金融部门不愿意放长期贷款。所以企业在融资时存在两难,如果从外国借贷,存在货币不匹配问题,如果从国内借贷,存在"借短用长"的期限不匹配问题,这就是原罪,结果是无论是汇率浮动还是利率变动都会使企业的成本上升,导致企业经营困难,并进而影响到金融部门和整个经济。此外,在货币政策和汇率政策方面,如果存在货币不匹配,那么政府不愿意汇率浮动,在汇率固定条件下,就不能通过汇率的适当贬值来减少投机冲击;在期限不匹配条件下,政府也不能提高利率来保卫货币,在投机冲击时,只好等待金融崩溃。因此,在"原罪"条件下,无论是浮动汇率制还是固定汇率制都会存在问题,在有些国家,最好的解决方式就是美元化。

2. 害怕浮动论

该理论是由马里兰大学的 Guillermo A. Calvo 教授和 Carmen M. Reinhart 教授于 1999 年和 2000 年提出的。他们指出这样一种现象:一些实行弹性汇率制的国家,却将其汇率维持在对某一货币(通常为美元)的一个狭小幅度内,这反映了这些国家对大幅度的汇率波动存在一种长期的担忧。相关实证研究表明,害怕浮动的现象在全球(包括发达国家)都是普遍存在的,因此这一理论受到了人们的重视。害怕浮动的原因主要是新兴的发展中国家不愿意本国货币升值,因为货币升值会损害其国际竞争力,会损害这些国家所做出的贸易出口多元化的努力;同时也不愿意本国的货币贬值,因为会伤害进口。主要政策建议是害怕浮动是合理的,是发展中国家本身结构性原因的体现,包括出口结构、产品结构等,最好的办法也是采取美元化。

3. 中间制度消失论

该理论认为唯一可持久的汇率制度是自由浮动或是具有非常强硬承诺机制的固定汇率制,而这两种制度之间的中间制度都正在消失或应当消失。其逻辑是在国际资本自由流动条件下,一国货币当局不可能同时实现货币稳定和货币独立,与"铁三角理论"类似,一国要么选择汇率稳定而放弃货币主权,要么放弃汇率稳定而保持货币独立。这一理论对现在各国的汇率制度选择是一个挑战。

4. 退出战略论

在亚洲金融危机之后,一个重要的研究领域是研究汇率制度退出的战略,研究一个国家应如何退出现有的盯住汇率制度,选择更合理的汇率制度。1998 年 Eichengreen Barry 和 Paul Masson 在 IMF 的报告中提出三个结论:一个高通胀的国家在实行盯住汇率之后不久就应改为采用弹性汇率制;退出的时机应选择外汇市场比较平静的时期,或者是有大量资本流入的时机;如果已经出现了危机,属于被动退出,就需要行动迅速,并采取配套措施,防止本币过度贬值。以上结论是一种对过去经验的总结,是对未来选择汇率退出机制的国家的一种战略建议。

(三) 国际收支调节

国际收支调节理论是一国制定对外经济政策的重要理论依据。

1. 传统的国际收支调节理论

大卫·休谟将货币数量说应用到了国际收支分析方面,提出了"黄金流动机制",后来经济学家在此基础上发展为"价格—现金流动机制",这是一种国际收支的自动调节机制,只要出现国际收支不平衡,这一机制就会自发地调整到不均衡消除。这种调整取决于赤字或盈余国家的国内价格变化,在金本位下,它还取决于赤字或盈余国家高的出口和进口价格弹性,以及相对价格变化引起的进出口商品总量的显著变化。

随着金本位制逐渐崩溃,资本主义由自由竞争阶段步入垄断阶段,国际经济与贸易发展发生巨大变化,传统的国际收支调节理论向现代国际收支调节理论过渡。阿尔费雷德·马歇尔和约翰·梅纳德·凯恩斯克服了重商主义的缺陷,分别提出了国际收支调节的弹性理论和吸收理论,为国际收支理论在今后的系统化和完整化奠定了基础。

2. 国际收支调节弹性理论

最早由阿尔费雷德·马歇尔提出,在分析国际收支差额的产生和消除的原因和过程中,采用进口变动弹性概念,主要运用微观经济分析和局部均衡分析,奠定了弹性理论的基础。弹性分析法主要侧重于汇率的相对价格效应,基于进出口商品的供求弹性来分析汇率变动对国际收支的作用。提出改变汇率对改善一国对外贸易的作用是有条件的;在一定条件下,汇率下降可以起到刺激出口、限制进口的作用。

3. 国际收支调节的吸收理论

以凯恩斯宏观经济理论为基础,从一国的国民收入和支出的关系出发,研究国际收支的调整问题。认为一国国际收支最终是通过改变收入或吸收来调节的,调节的方法一是增加收入称为支出转换政策,二是减少支出称为支出减少政策,将价格看作是给定的,只将收入和支出调节作为经济社会的均衡机制。货币贬值对国际收支的实际效果取决于贬值对实际国民收入所引起的变化、边际吸收倾向的大小、贬值对吸收的直接影响等因素。货币贬值只有在它能增加产量(收入)或减少吸收(支出)时才是有效的。一般来说,贬值一定要通过货币政策和财政政策的配合和压缩国内需求,将资源从国内吸收中解放出来转向出口部门,这样才能改善国际收支状况,实现内外部平衡,所以吸收分析法具有强烈的政策配合含义。

4. 国际收支调整的货币分析法

随着货币主义的兴起而出现,在其理论假定(充分就业均衡状态下,货币需求是收入;贸易商品的价格主要是外生的;货币供给不影响实物产量)基础上,在开放经济社会中,产量和其他决定因素不变,如果货币数量低于所希望的存量,那么各个经济单位就要寻求额外的货币余额。这种理论认为国际收支主要是一种货币现象,影响国际收支的根本因素是货币供应量,只要保持货币供给地增加与真实国民收入的增长相一致,就可以保持国际收支的平衡与稳定。就一国而讲,可以通过国际收支的盈余吸收外国货币来恢复均衡。一国金融当局不能控制国内居民所持有的货币量,但它能限制国内信用的膨胀来控制国际收支,因为紧缩信用可以迫使人们削减支出,调整他们的货币余额。所以货币分析法不强调贬值的作用,而是强调货币政策的运用。

第二节 国际经济与贸易专业学科研究方法

国际经济与贸易专业学科从属于经济学,经济学主要的研究方法在国际经济与贸易相关研究中得到深入应用,形成一套以数量分析为特征的分析方法。主要有:实证分析法与规范分析法相结合、边际分析法、均衡分析法与非均衡分析法相结合以及静态分析法、比较静态分析法、动态分析法等相结合。

一、实证分析法与规范分析法相结合

实证分析法是经济学中最重要的分析方法,它不做价值判断,只研究经济本身的内在规律,是一种根据事实加以验证的陈述,分析和预测人们经济行为的效果,它要回答"是什么"的问题,而不对事物的好坏做出评价。所谓价值判断,是指对经济事物是好还是坏的判断。在运用实证分析法来研究经济问题时,就是要提出用于解释事实的理论,并以此为根据作出预测。这也就是形成经济理论的过程。规范分析是指根据一定的价值判断出发来分析和研究问题,提出某些分析处理经济问题的标准,树立经济理论的前提,作为制定经济政策的依据,并研究如何才能符合这些标准,它要回答的是"应该是什么"的问题。

在国际经济与贸易研究中,实证化趋势越来越明显。这种趋势注重具体经济现象而非一般性国际贸易问题的研究,表现为研究目的的实用性,也表现为现实经济问题对经济理论研究的实证要求。

二、边际分析法

边际分析法是利用边际概念对经济行为和经济变量进行数量分析的方法。所谓边际,就是额外或增加的意思,即所增加的下一个单位或最后一个单位。在经济学分析中,简单地说,边际是指对原有经济总量的每一次增加或减少。严格地说,边际是指自变量发生微小变动时,因变量的变动率。在经济分析中引入边际分析方法是经济学的一次革命,尤其在定量分析中边际概念和边际分析方法被广泛使用。边际分析是揭示经济活动中的数量变动关系,是对经济数量变化的客观描述。从这一意义上说,它只是一种单纯的数量分析。运用这一方法去分析经济活动中的客观数量关系,有助于人们认识各种数量关系的变化趋势和规律。

三、均衡分析法与非均衡分析法相结合

均衡分析法假定经济变量中的自变量为已知的、固定不变的,以观察因变量达到均衡状态时所出现的情况以及实现均衡的条件,是经济体系中各

种相互对立或相互关联的力量在变动中处于相对平衡而不再变动的状态。对经济均衡的形成与变动条件的分析,称为均衡分析法,分为局部均衡分析和一般均衡分析。

局部均衡分析法是在不考虑经济体系某一局部以外因素的影响条件下,分析这一局部本身所包含的各种因素相互作用过程中均衡的形成与变动的方法,即考察在其他条件不变时单个市场均衡的建立与变动。一般均衡分析法,是相对于局部均衡分析法而言的,分析整个经济系统的各个市场、各种商品的供求同时达到均衡的条件与变化的方法,即考察各个市场之间均衡的建立与变动,是在各个市场的相互关系中考察均衡问题。

而非均衡分析法则认为经济现象及其变化的原因是多方面的、复杂的,难以单纯用有关变量之间的均衡与不均衡来加以解释,主张通过对历史、制度、社会等因素的分析作为基本方法,即使是个量分析,非均衡分析也不强调各种力量相等时的均衡状态,而是强调各种力量不相等时的非均衡状态。非均衡分析的研究对象更为现实一些,也更强调动态性,与均衡分析方法有差别,但不是根本性的相互排斥,而是相互统一、相互补充的关系。

四、静态分析法、比较静态分析法、动态分析法相结合

静态分析法是完全抽象掉时间因素和经济变动过程,不考虑均衡和变动过程,在假定各种条件处于静止状态的情况下,只考察一定时期内各种变量之间的相互关系,分析经济现象的均衡状态的形成及其条件的方法。

比较静态分析法是对个别经济现象的一次变动的前后,以及两个或两个以上的均衡位置进行比较而撇开转变期间和变动过程本身的分析方法。

动态分析法引入时间因素,把经济现象的变化当作一个连续过程,对原有均衡过渡到新均衡的实际变化过程进行分析的方法。考察各种变量在不同时期的变动情况,因而动态分析又被称为过程分析,是一种时间序列分析。

第三节　国际经济与贸易专业学科的研究内容

一、理论研究的主要内容

(一)国际贸易纯理论研究

长期以来,国际贸易理论所涉及的主要研究问题可概括为 2 个"C",即国际贸易的起因(causes)和国际贸易的影响(consequences)。国际贸易理论的发展与现实世界经济发展模式、格局演变等紧密相关,不断推动理论研究向前发展。

人类历史上真正大规模贸易的产生源于地理大发现,当时贸易的基础是国家利用自身的资源禀赋优势建立起来的产业基础,因此,这一阶段的主导贸易类型是产业间贸易。比如 14 世纪的葡萄牙是地理大发现的第一批受益者,根源于自身所处的地理位置和有利于香料生产的资源优势,香料产业早已在该国发展和壮大起来,地理大发现以后的贸易则是强化了葡萄牙在这方面的优势。古典经济学的奠基者亚当·斯密便受这种贸易模式的启发创立了绝对优势学说,主张如果每个国家都按照各自绝对有利的生产条件进行专业化生产,然后彼此交换,则对所有国家都是有利的。由于斯密的绝对成本理论建立在一系列苛刻的假设条件之上,因此,它只能解释国际贸易中的一种特殊形式,即在生产上具有绝对优势的国家之间的贸易,而不能解释事实上存在的几乎所有产品上都处于绝对优势的发达国家和几乎在所有产品上都处于绝对劣势的不发达国家之间的贸易现象。

对于专业化分工的好处,很早就得到了重视。大卫·李嘉图在其《政治经济学原理》(1817)中论证和阐明了比较优势原理,将其作为国际贸易的基础,奠定了其后贸易纯理论的发展方向,后来的学者就一直将国际贸易理论的研究重心放在比较优势原理上,不断探索比较优势的来源,以此来解释现实中的国际贸易现象。比较优势理论遵循"两优相权取其重,两劣相权取其轻"的原则,认为国家间技术水平的相对差异产生了比较成本的差异,构成国际贸易的原因,并决定着国际贸易的模式。李嘉图通过一个简单的 2×2 模型论证了一个国家在两种商品的生产上都不具备绝对优势的情况下,如果按照自身的比较优势进行分工,通过自由贸易都会受益,而产生比较优势的唯一原因是各国之间劳动生产率的不同。但是,现实世界中,各国间劳动生产率的不同只能部分地解释国际贸易产生的原因,贸易还反映了各国之间的资源差异,即对原始贸易模式的回归。

与古典贸易理论研究的国际贸易起因不同,要素禀赋理论(H-O)将国际贸易的产生归因于国家间要素禀赋差异。其核心内容为:在两国技术水平相同的前提下,比较成本差异的产生有两个原因,一是两国间的要素丰裕度不同,二是商品生产的要素密集度不同。各国应该集中生产并出口那些充分利用本国充裕要素的产品,以换取那些密集使用其稀缺要素的产品。这样的贸易模式使参与国的福利都得到改善。

虽然"里昂惕夫之谜"的产生给 H-O 定理提出了前所未有的挑战,但是学者通过从人力资本和技术水平视角、自然资源稀缺程度视角、政策视角等进行分析,试图找到解决问题的突破口,从而维护了 H-O 定理的权威性,使以 H-O 定理为代表的 2×2×2 模型在很长一段时间里成为贸易理论上的基本假设。20 世纪 40 年代,保罗·萨缪尔森用数学方式演绎了 H-O 模型,指出国际贸易对各国收入差距的影响,将必然使不同国家间生产要素相对价格和绝对价格出现均等化,这也称为生产要素价格均等化定理或 H-O-S 定理(赫克谢尔-俄林-萨缪尔森模型)。这一定理认为,在没有要素跨国流动的条件下,仅通过商品的自由贸易也能实现世界范围内生产和资源的有效配置。和要素禀赋理论相关的还有另外两个基本定理。国际贸易对本国生产要素收益的长期影响,由斯托尔珀-萨缪尔森定理归纳为:不论要素在哪个行业中使用,出口产品生产中密集使用的要素(本国充裕要素)的报酬提高,而进口产品生产中密集使用的要素(本国稀缺要素)的报酬降低。罗勃津斯基定理认为,要素禀赋的变化决定着资源配置的变化,在两种商品世界中,如果相对价格固定不变,一种生产要素增长会减少另一种商品产量。

二战后,国际贸易的产品结构和地理结构呈现出一系列新变化。世界贸易中三种主要经济现象与公认的贸易理论相悖:首先,绝大部分的世界贸易在要素禀赋相似的工业化国家之间展开;其次,大部分贸易是产业内贸易;第三,战后贸易的扩大绝大部分是在没有大规模的资源重新配置或收入分配影响的情况下形成的。同类产品之间以及发达工业国之间的贸易量大大增加,产业领先地位不断转移,跨国公司内部化和对外直接投资兴起,占世界贸易额相当大比重的一部分贸易并不是因为比较成本的差异或者资源禀赋的差异而发生的。这些现象与传统比较优势理论认为的贸易只会发生在劳动生产率或资源禀赋不同的国家间的经典理论是相悖的,使传统的国际贸易理论面临严峻挑战。激发多视角探索国际贸易起源的研究深入发展,新生产要素理论、动态贸易理论、动态比较优势学说、国家竞争优势学说等一系列研究成果分别从不同视角对国际贸易起因、模式、利益等进行了分析。

　　随着研究的深入,经济学家尝试着把规模经济和不完全竞争市场同时纳入主流国际贸易理论分析框架中,从而产生了新贸易理论。该理论主要围绕三个命题展开:市场结构;国际贸易产生的原因;技术与贸易。在新贸易理论的分析中,市场结构问题始终是核心问题,将规模经济引入贸易理论,形成了三个关于市场结构的理论。在马歇尔理论中,虽然提出了规模经济的溢出效应,但报酬递增被假设为完全外生于企业,从而使市场得以维护充分竞争状态;张伯伦的垄断竞争模型基本观点是一个产业由许多小垄断者组成,这些小垄断者使该产业形成饱和状态,从而消灭了任何垄断利润,第一次从理论上研究规模经济和不完全竞争条件下的贸易问题,但是这一理论回避了寡头垄断的问题,对产品异质过程的论述不够严谨;库尔诺的寡头垄断理论,假定不完全竞争的企业间都互相把另一个企业的产量看成给定的,将注意力从规模经济和市场结构转移到不完全竞争中,并在绝大多数情况下使用规模经济来解释垄断经济的情况。关于第二个命题,与比较优势类似,新贸易理论也承认国家之间在资源、技术甚至消费偏好等方面的差异是国际贸易产生的原因,但是认为还有其他原因,其中最主要的原因是规模经济、报酬递增和产品异质性形成的国际分工。关于第三个命题,这是新贸易理论和技术创新促进国际分工这两个观点之间的自然联系。把技术因素引入贸易是贸易理论的创新,总结技术影响贸易的形式,主要以基于产品生命周期的南北贸易模型为线索。

（二）国际直接投资理论研究

20世纪80年代以前的国际直接投资理论重点阐述国际直接投资产生的原因，形成垄断优势理论、产品生命周期理论、国际生产折衷理论等；20世纪90年代以来，理论发展沿着不同方向深入研究，如对国际直接投资产生动因的进一步深入研究；对其经济效应，如在出口、对东道国政策、经济增长、就业和工资以及社会福利等方面影响的全面探求；对国际直接投资具体形式，包括区位的选择、进入模式的选择以及水平型和垂直型的选择等等。

传统理论将国际直接投资归类于证券投资或企业一般投资，没有特别关注国际证券投资与国际直接投资的相对重要性或国内外投资的区别。斯蒂芬·赫伯特·海默的博士论文《国别企业的国际运作：对外直接投资研究》标志着将国际直接投资作为独立研究领域的开始，他运用白因(J. Bain)关于市场力的概念，提出企业到海外是为了更充分地开发其市场力，而企业的市场力则说明了为什么投资企业在与当地企业竞争中能得以生存。以下两方面因素刺激了国际直接投资研究的快速发展：一方面，经济全球化和知识经济的加速，以及部分国家经济的快速发展，不断改变世界市场的范围和竞争模式。跨国公司相互渗透不同国家市场；国际经济活动组织方法不断翻新，国际直接投资动机日益复杂化；发展中国家对外直接投资规模不断扩大。另一方面，经济分析框架取得了较大进步。例如，将市场不完全竞争条件纳入传统的一般均衡贸易模型，产生了新贸易理论，为经济学家和企业经营者进行国际直接投资分析与决策提供了新方法或改进的理论基础。

关于国际直接投资的成因，蒙代尔认为，就商品价格、要素价格和福利而言的均衡状态，既可以通过产品贸易实现，也可以通过国际直接投资实现，贸易的障碍会促进资本流动，而资本流动的障碍会产生贸易，因而国际直接投资可归因于贸易壁垒的设置。成文利、萨克斯和杨小凯证明，在决定国际劳动分工与国际贸易格局中发挥决定性作用的是交易效率而不是要素禀赋。资本富裕国出口资本密集型产品有两个前提条件：一是进口国和出口国的交易效率都足够高；二是出口国在生产资本密集型产品中无技术比较劣势。这意味着，交易条件决定国际直接投资的产生以及投资与贸易的关系。因此，蒙代尔揭示的是两国交易效率不太低且极可能是投资国在投资部门又具有技术比较优势条件下的极端特殊情形。

关于一国国际投资发展阶段问题,邓宁投资发展路径说认为,一国投资发展路径的速度和方向取决于当地要素禀赋(包括文化禀赋)的结构、该国与世界经济的相互作用(包括其贸易地位)、海外侨胞状况、当地市场规模、本国经济制度、政府政策的角色以及本国企业希望进入外国市场所进行交易的市场特点。随着经济发展,一个国家国际直接投资地位会经历5个发展阶段:第一阶段,收入水平(即人均GDP)相当低,外资流入基本上没有。国内市场与资源(特别是人造资产)都不能为企业提供获利机会。第二阶段,随着收入和国内需求的增长,本地资源能力因教育培训和基础设施增加而改进,该国步入产生进口替代投资或利用资源型投资阶段,但对外直接投资依然很有限。第三阶段,政府选择参与贸易和生产的国际专业化,该国有能力进行较大规模的对外直接投资。第四阶段,该国比较优势越来越集中于生产中间品,如管理和组织技能、先进技术、信息等,成为净对外投资者。第五阶段,由于产业内合理化国际直接投资的增长,对外投资与引进外资再度重合。产业内部合理化投资本身主要不是基于要素禀赋,而是基于国际市场内部化的优势。

而波特对一国在国际经济中的地位演化描述为要素驱动、投资驱动、创新驱动、财富驱动等不同阶段。在不同阶段,一国经济拥有不同结构和不同的比较优势与劣势。在某一阶段,国际直接投资的最佳格局(特性和方向)是符合运用和改进该阶段比较优势的格局,这一格局应该与该国经济结构变化同步变动。从动态角度来讲,当一国经济由要素驱动走向投资驱动再进一步转向创新驱动时,引进外资应该从寻求要素到寻求市场、再一步向寻求市场与技术演变,而对外投资则从支持贸易和寻求资源到寻求低成本劳动力、再进一步向寻求市场与技术和剩余循环演变。

20世纪80年代以来,国际金融创新日新月异,国际金融理论也出现了许多重要的发展。其中,国际收支理论最突出的发展表现在经常项目决定的跨期分析方法上,汇率决定理论、汇率传递效应理论和汇率制度选择理论都取得了突破性进展,这主要根源于20世纪90年代末新兴市场国家金融危机频繁爆发,传统理论对现实中出现的诸多问题无法给出令人满意的解释。国际储备理论的研究进展主要集中在发展中国家外汇储备激增的动因、全球化时代外汇储备的功能转变以及高额外汇储备的管理和经营等问题上。

二、国际贸易政策研究

（一）国际贸易政策理论的演变

国际贸易政策的演变过程就是各国根据本国经济发展的实际获取最大限度利益的过程。这个过程经历了重商主义、自由放任、幼稚产业保护论、凯恩斯主义贸易保护和战略性贸易政策等五个发展阶段。在此过程中还伴随着一系列次佳贸易政策的选择以及发展中国家建立在幼稚产业保护论基础上的对贸易政策本身的探索和实践。随着经济全球化进程的深化，这种以本国利益为重的对外贸易政策选择变成了政策博弈意义上的"共同贸易自由化"。各国对外贸易政策的自由化趋势是各国日趋依赖对外贸易以获得经济利益的反映。

一般而言，对外贸易政策的基本内容主要包括四个主要方面，即贸易的政策理论、贸易的政策措施、贸易政策的目标和贸易政策的福利效果。最早的国际贸易政策应属重商主义。其主要观点认为贵金属就是财富，要增加一国财富必须开展国际贸易。要在国际贸易中增加一国财富总量必须多出口、少进口，形成外国对本国的贵金属支付。为实现这一目标，国家应采取的政策措施是奖励出口、限制进口。早、晚期重商主义主张略有不同，但政策的基本导向是相同的。

在自由贸易政策理论看来，财富不是作为交换媒介的货币或贵金属，而是物质财富本身。由此财富的来源也不是商品的交换领域，而是商品的生产领域。自由贸易论者提出比较优势理论和在此基础上的自由贸易政策措施——政府不干预对外贸易，认为自由贸易能够使贸易的参与国都从中获益，亚当·斯密与大卫·李嘉图分别在《国民财富的性质及其原因的研究》和《政治经济学原理》中对自由贸易政策的理论基础进行了详细的阐述，使得自由贸易政策理论逐渐成为主流。

以亚历山大·汉密尔顿和弗里德里希·李斯特为代表的幼稚工业保护论者对一些刚刚进入工业化发展阶段的国家实施自由贸易政策的适用性提出质疑。他们认为，在一国经济发展的特定阶段是不能实行自由贸易政策的。那种只看重廉价的进口商品，即只看重眼前财富增加的观点是一种葬送一国财富生产力提高的错误选择。因此，其贸易政策主张，在还没有形成统一的国家、共同利益尚未形成的世界,是不能全面推行自由贸易政策的;那些处在工业化过程中的国家应该选择贸易保护政策。这种保护不是针对所有产业和部门的,而是那些具有财富生产潜力并且可以通过一段时间的保护成长起来的产业才是重点。这种对外贸易政策的具体措施就是通过关税及非关税措施的壁垒抵御国外廉价商品对本国生产的冲击,使本国同类产业的发展以可靠的国内市场为依托,最终实现本国生产力的提高。李斯特的幼稚产业保护论一直是发展中国家借以实施贸易保护政策的基本理论依据。

凯恩斯主义的贸易保护政策不是从经济发展的角度寻找其政策依据,而是从已经实现了工业化的国家寻求稳定经济增长的角度阐述其理论依据的,是经济萧条时期的贸易保护论,因此是临时性的贸易保护政策论。奖励出口、限制进口的政策措施带来的贸易顺差不宜过大,否则一方面将使有效需求超过国内的生产供应,引发通货膨胀;另一方面将带来国内过多的货币供应量,从而使利率低到刺激本国资本所有者将资金转向国外的程度,反而抵销掉因为贸易顺差带来的低利率刺激有效需求的效应。

新贸易理论基础上的战略性贸易政策比较全面地否定了自由放任的贸易政策。战略性贸易政策理论认为,市场不完全竞争决定了政府在对外贸易政策上要根据市场结构差异采取不同的贸易政策;政府借助不同的政策行为支持或改变本国企业的战略行为,并影响外国不完全竞争企业的战略行为,使对外贸易朝着有利于本国获得最大限度利润的方向转变。

(二)国际贸易政策工具及其经济效应

不管是自由主义的还是保护主义的贸易政策都是为本国利益服务的。各种贸易保护措施,从关税到各种隐蔽性的非关税壁垒,其政策导向都是促进出口、控制进口,保护本国产业以提升其国际竞争能力。

关税(Custom Duties,Tariff)是进出口商品经过一国关境时,由政府所设置的海关所征收的税收,具有强制性、无偿性和固定性。关税制度一直是各国对外贸易政策的重要组成部分,最早始于古希腊和雅典时代。按照不同的分类标准,关税类型大致有以下类型:根据征收对象的不同,可以分为进口税、出口税和过境税;根据征收目的的不同,可以分为财政关税和保护关税;根据差别待遇,可以分为进口附加税、差价税、特惠税和普遍优惠税;根据保护程度和有效性,分为名义关税和有效关税;根据征收标准,分为从量税和从价税。关税的征收对国际贸易发展和变化具有重要影响。一般来说,在其他条件不变的情形下,关税税率的增减程度与国际贸易发展的速度呈反向关系;关税在一定程度上影响国际贸易商品的结构和贸易地理方向的变化;当一国出现严重的贸易和国际收支逆差时,采取提高进口关税等限制进口措施,可以在短期内抑制进口,缩小贸易逆差、改善国际收支状况,但长期来看对国内价格、生产等存在负面作用,还可能引起相关国家的报复性措施,从而消减政策的作用效果。

非关税壁垒(Non-Tariff Barriers,NTBs)是指除关税以外的限制进口的措施。非关税壁垒在资本主义发展初期就已经出现,但20世纪30年代世界性经济危机爆发后广泛盛行,成为贸易壁垒的主要组成部分。非关税壁垒相较于关税壁垒具有更大的灵活性和针对性,更易于实现限制进口的目的,而且具有隐蔽性和歧视性。非关税壁垒主要有进口配额、倾销与反倾销、补贴与反补贴等类型。进口配额制和"自动"出口配额制都是从数量上限制进口货物的措施,区别在于实施国不同,分别是进口国和出口国,目的都是为了保护本国市场。出口补贴是本国政府对本国生产或出口的产品进行财政补贴,影响市场价格和产品的比较优势,实现鼓励本国产品出口的目的。补贴主要采取生产补贴和出口补贴两种形式。倾销是商品以低于国内生产市场的价格,甚至低于成本价格出口到国外市场,或者利用本国货币对外贬值的机会,争夺国外市场份额形成的外汇倾销。补贴是扩大出口规模、提高世界市场份额的一种重要方式,但对进口国产生较大不利影响,各国一般会通过反倾销措施惩罚倾销者,维护自身利益。总体来说,非关税壁垒对国际贸易发展和有关国家的影响程度的估计存在较大困难。一般来说,非关税壁垒对国际贸易发展起着阻碍作用,尤其是对于进口国来说,反倾销措施起到限制进口、引起国内市场价格上涨和保护本国生产的作用,但以牺牲消费者福利为代价;对于出口国来说,出口商品的数量和价格受到严重影响,根据出口国经济结构和出口商品结构的不同,出口商品受到非关税壁垒措施的影响也存在异质性,同时商品的供给弹性差异也会直接影响政策效应。

关于贸易政策的经济效应,因一国经济规模的大小,其影响存在差异性。这里所说的"小国"与"大国",不是从疆土面积大小或人口数量上来判定的,而是从经济与贸易总量角度来衡量的。对于小国的进口关税效应:一般而言,由于小国的进口数量在世界贸易量中所占比重较小,因此其对进口商品征收关税引起进口数量的减少,不会影响到该商品的世界市场价格。但是,小国征收进口关税却会对本国福利状况产生影响。而大国的进口关税效应则不同:一般来说,由于大国的进口数量在世界贸易量中所占比重较大,因此其对进口商品征收关税引起的进口数量的减少,影响该商品的世界市场价格,从而迫使出口国将价格降低到原来世界市场价格之下。由此,大国进口价格降低,贸易条件改善。大国征收进口关税对本国福利状况产生影响。可以从生产者剩余、消费者剩余、政府收入、总福利状况的变化结果几个方面进行分析。值得注意的是,大国并不意味着每种产品都在世界市场上占据重要比重。因此,这里探讨的主要是当大国对其在世界市场占较大比重的产品征收进口关税后的状况。

值得注意的是,伴随经济全球化进程的深度和广度提升,全球价值链对全球贸易与投资规则提出了新的诉求,它要求传统的以边界措施和市场准入问题为核心的贸易政策向以边界内措施和规制融合为核心的下一代贸易政策进行转变,基于传统生产与贸易模式的贸易政策和贸易规则已不再适用,需要重新定义基于全球价值链(GVC)的国际贸易新规则。如越来越多的国家和区域贸易协定(RTA)采用了零关税政策,发展中国家的关税(尤其是中间品)也越降越低,这反映了国家单方采取以融入 GVC 为目标的努力。世界银行通过实证研究,证实零关税货物在总进口量中的比重基本均处于增长的态势。

三、国际组织研究

截至 2016 年,世界上有 6.2 万余个国际组织,包括有主权国家参加的政府间国际组织、民间团体成立的非政府国际组织,它们既有全球性的,也有地区性、国家集团性的。除了各类区域一体化组织外,主要全球性国际组织有:世界贸易组织(WTO)、世界银行(World Bank)、国际货币基金组织(IMF)、世界卫生组织(WHO)、联合国儿童基金会(UNICEF)、教科文组织(UNESCO)等。

(一)区域经济一体化组织

从 20 世纪 90 年代至今,区域经济一体化组织形成了一股强劲的浪潮,尤其是在经济全球化进程遇阻的背景下,区域经济一体化已成为国际经济关系中最引人注目的趋势之一。一般来说,在市场机制的作用下,区域经济一体化在程度上也呈现不断深化的规律性。其中,国际的区域经济一体化被分为4个阶段:① 自由贸易区——区内国家间取消贸易壁垒;② 关税同盟——区内国家达成了协调一致的对外关税政策;③ 共同市场——生产要素,包括劳动力和资本在区内实现自由流动;④ 经济联盟——区内国家的经济政策、市场规则、宏观经济、货币政策及收入分配政策等实现一体化。需要注意的是,这些理论大都建立在完全竞争市场结构的假设条件下,但与现实世界存在较大距离。

区域经济一体化的雏形可以追溯到1921年比利时与卢森堡结成的经济同盟,后来荷兰加入,组成比荷卢经济同盟。1932年,英国与英联邦成员国组成英帝国特惠区,成员国彼此之间相互减让关税,但对非英联邦成员的国家仍维持着原来较高的关税,形成了一种特惠关税区。区域经济一体化的迅速发展,是在第二次世界大战之后,并形成三次较大的发展高潮。第一次发生在20世纪50-60年代,世界经济领域发生了一系列重大变化,世界政治经济发展不平衡,大批发展中国家出现,区域经济一体化组织出现第一次发展高潮。20世纪80年代中期以来,特别是进入90年代后,世界政治经济形势发生了深刻变化,西方发达国家在抑制通货膨胀、控制失业率方面取得成功,经济的发展推动着区域经济联合,区域经济一体化的趋势明显加强。以1985年欧共体关于建立统一市场"白皮书"的通过为契机,强大的示范效应极大地推动了其他地区经济一体化的建设。新一轮区域经济一体化浪潮波澜壮阔,有其深刻的政治原因和经济原因。其经济原因主要有:一是当前全球范围内日益加深的市场化改革,为区域经济一体化发展奠定了体制基础;二是世贸组织多边贸易体制本身的局限性以及多边贸易谈判所遭遇的挫折和困难,进一步刺激了区域经济一体化的发展。2001年11月在多哈多边回合谈判一直举步维艰,为双边和区域性贸易协议提供了发展空间与机遇,也为参与全球竞争多了一种选择。而政治原因主要包括:一是谋求政治修好,缓解矛盾冲突,稳定地区局势,欧洲合作的初始动机和最终目标就是政治;二是推动国内的体制改革;三是寻求区域层面的政治保护以抗衡其他区域集团,这是世界大国加紧组织和巩固区域经济集团的一个重要动因;四是传播主体政治价值理念,如2003年伊拉克战争结束后,美国主动提出与中东地区国家在2013年之前建立自由贸易区的倡议,此举的真正目的是要通过自由贸易区方式在该地区推行美国式民主制度。

2008年金融危机,无论是实体经济还是虚拟经济、无论是发达国家还是发展中国家、世界经济,都严重受挫。据统计,2009年全球经济规模是2008年的95%。到2012年,发达国家的经济开始呈现低速发展,甚至有些国家出现了经济负增长的情况。为了拉动经济的发展,各个国家开始从外贸入手,想要通过"出口"这架马车重新提振本国经济,因此各国将注意力放在了区域经济合作上,通过区域经济一体化共同应对当下的金融危机。从欧洲煤钢共同体到欧洲共同体再到欧洲联盟,欧洲一体化创造性地实现了建立在民族国家主权让渡基础上的国家联合,在消除战争、促进经济繁荣和建立福利体制等方面做出了杰出贡献,成为区域一体化的典范。但是,随着欧洲主权债务危机的发生、发酵与蔓延,以及由英国脱欧产生的长期影响,都使得欧洲一体化深化发展的障碍和困境凸显。另外,2018年,美国、墨西哥、加拿大三国领导人签署《美国-墨西哥-加拿大协定》,替代《北美自由贸易协定》,表明区域一体化受其内在驱动力的影响,在不断地发展变化中。一定条件下,新的区域一体化可能形成;而已形成的区域一体化的程度可能加深,也可能面临解体。不同尺度的区域一体化很大程度上在不断塑造世界的基本格局。

(二)世界贸易组织

1994年4月15日,在摩洛哥的马拉喀什市举行的关贸总协定乌拉圭回合部长会议决定成立更具全球性的世界贸易组织,以取代成立于1947年的关贸总协定。世界贸易组织是当代最重要的国际经济组织之一,截至2020年5月拥有164个成员国,有"经济联合国"之称。建立世贸组织的设想是在1944年7月举行的布雷顿森林会议上提出的,当时设想在成立世界银行和国际货币基金组织的同时,成立一个国际性贸易组织,从而形成二次大战后左右世界经济的"货币-金融-贸易"三位一体的机构。

部长级会议是世贸组织的最高决策权力机构,由所有成员国主管外经贸的部长、副部长级官员或其全权代表组成,一般两年举行一次会议,讨论和决定涉及世贸组织职能的所有重要问题,并采取行动。第九届部长级会议2013年12月3日在印度尼西亚巴厘岛举行,达成世贸组织首个全球贸易协定。世界贸易组织基本原则是互惠原则、透明度原则、市场准入原则、促进公平竞争原则、经济发展原则、非歧视性原则。世界贸易组织的争端解决机构是总理事会,该机构负责处理围绕乌拉圭回合最后文件所包括的任何协定或协议而产生的争端。根据世界贸易组织成员的承诺,在发生贸易争端时,当事各方不应采取单边行动对抗,而是通过争端解决机制寻求救济并遵守其规则及其所做出的裁决。

1995年7月11日,世贸组织总理事会会议决定接纳中国为该组织的观察员。中国自1986年申请重返关贸总协定以来,为复关和加入世界贸易组织已进行了长达15年的努力。2001年12月11日,中国正式加入世界贸易组织,成为其第143个成员。中国认真履行开放国内市场的承诺,平均关税从2001年的15.3%降到了9.8%,并且进一步简化进口管理,进一步完善进口促进体系,进一步提高贸易便利化的程度,基本上取消了进口配额管理。1950年我国进出口总额仅11.3亿美元,2018年总规模超过46 000亿美元,增长超过4 000倍。2013年,我国超越美国成为全球货物贸易第一大国。2018年,我国货物进出口占全球份额达11.8%。

进入21世纪后,新兴国家呈现出群体性崛起的态势,国际体系结构发生转变,史无前例地冲击了西方国家主导下的国际组织体系。在推动国际机制改革的过程中,由新兴市场国家建立的非正式国际组织正扮演着越来越重要的作用。新兴市场国家对非正式国际组织的偏好与其软制衡战略有着内在联系。一方面,非正式国际组织的特性确保新兴市场国家的制衡强度维持在一个合理的范围之内;另一方面,软制衡战略所取得的反馈将决定在相关非正式国际组织中采取进一步合作的可能性。成功的软制衡在为新兴市场国家带来国际声望和力量再分配的同时,也将促进或维持非正式国际组织的发展。

第四节 国际经济与贸易专业的学科发展

国际贸易专业是国内较热门的专业之一。随着中国入世,企业及其构成的产业,以及它们的贸易活动都将要共同参与国际经济的大循环。随着中国对外经济贸易与交往的加深,对外开放的广度和深度不断扩大,国内各高校为适应经济全球化与中国加入 WTO 新形势、新环境的需要,在教学与科研及人才培养上,大都提出了"四化",即国际化、信息化、数字化和规范化,不断加强对现代国际经济学的学习研究,有越来越多的高校设立了国际贸易专业硕士点、博士点。懂国际经济与贸易的复合型专门人才成为我国企业、政府机构及相关领域的普遍需求。在重视理论规范研究及定性分析的同时,也不断加强对国际经济与贸易的实证研究、应用数学模型与经济计量学的定量分析。这种目标导向体现在专业相关课程的设置上,就是大都本着"宽口径、厚基础"的精神,对本科及硕士、博士研究生的教学课程设置不断优化,加强基础理论与前沿理论学习的同时,也不断探索增设大量新课程,以更好地培养具备较宽知识跨度、既懂国际经济的运行规则又懂国际贸易理论与实务,既有较扎实的理论训练又掌握较熟练的操作技能的专业人才,不断推动着学科发展。

一、国际经济与贸易专业的学科发展脉络

国际经济与贸易专业的学科发展过程与经济学相关领域理论与实证研究进展是密不可分的。国际经济与贸易相关研究的发展大致经历了古典、新古典、新贸易理论以及新兴古典国际贸易理论四大阶段。古典和新古典国际贸易理论以完全竞争市场、规模经济不变等假设为前提,强调贸易的互利性,主要解释了产业间贸易。二战后,以全球贸易的新态势为契机,新贸易理论应运而生,从不完全竞争、规模经济、技术进步等角度解释了新的贸易现象。新兴古典国际贸易理论则以专业化分工来解释贸易,试图将传统贸易理论和新贸易理论统一在新兴古典贸易理论的框架之内。

(一) 古典主义阶段

在 15 世纪末 16 世纪初的资本主义原始积累时期,出现了重商主义的国际贸易观点,其核心是追求贸易顺差,代表人物有英国的托马斯·孟。重商主义认为,财富的唯一形式即金银,金银的多少是衡量一国富裕程度的唯一尺度,而获得金银的主要渠道就是国际贸易。通过奖出限入追求顺差,使金银流入,国家就会富裕。

17 世纪下半叶,在法国出现了反对重商主义,主张经济自由和重视农业的思想,形成了重农学派(Physiocratic School),其创始人是弗朗斯瓦·魁

奈。重农学派的核心思想是主张自由经济(包括自由贸易),认为"自然秩序"是保证市场均衡和物价稳定的重要机制。

古典的国际贸易理论产生于18世纪中叶,是在批判重商主义的基础上发展起来的,主要包括亚当·斯密的绝对优势理论和大卫·李嘉图的比较优势理论,古典贸易理论从劳动生产率的角度说明了国际贸易产生的原因、结构和利益分配。亚当·斯密在生产分工理论的基础上提出了国际贸易的绝对优势理论。在《国民财富的性质及原因的研究》中,亚当·斯密指出国际贸易的基础,在于各国商品之间存在劳动生产率和生产成本的绝对差异,而这种差异来源于自然禀赋和后天的生产条件。鉴于绝对优势理论的局限性,大卫·李嘉图在《政治经济学及赋税原理》中继承和发展了亚当·斯密的理论,认为国际贸易分工的基础不限于绝对成本差异,即使一国在所有产品的生产中劳动生产率都处于全面优势或全面劣势的地位,只要有利或不利的程度有所不同,该国就可以通过生产劳动生产率差异较小的产品参加国际贸易,从而获得比较利益。

大卫·李嘉图的比较优势理论只论证了建立在各国专业化生产前提下的互利贸易基础和利益所在,没有说明总的贸易利益如何在贸易双方进行分配。约翰·穆勒在《政治经济学原理》中,从相互需求角度出发,确定了国际间商品交换的价格问题,用两国商品交换比例的上下限解释双方获利的范围,用贸易条件解释两国间贸易利益是如何分配的,并用相互需求强度来解释贸易条件的变动。相互需求理论实质上是指由供求关系决定商品价值的理论,是对比较优势理论的完善和补充。

(二) 新古典主义阶段

19世纪末20世纪初,新古典经济学逐渐形成,在新古典经济学框架下对国际贸易进行分析的新古典贸易理论也随之产生,最有代表性的理论即赫克歇尔、俄林提出的要素禀赋理论。1919年,瑞典经济学家埃利·赫克歇尔提出了要素禀赋论的基本观点,指出产生比较优势差异必备的两个条件。1930年代,这一论点被他的学生伯尔蒂尔·俄林充实论证,其代表作《地区间贸易和国际贸易》进一步发展了生产要素禀赋理论,因而这一理论又称为H-O理论。与古典贸易模型的单要素投入不同,H-O模型以比较优势为贸易基础并有所发展,在两种或两种以上生产要素框架下分析产品的生产成本，用总体均衡的方法探讨国际贸易与要素变动的相互影响。

尽管 H-O 定理对比较优势进行了拓展，其同质要素的假定对现实世界的解释力也并不强。按照 H-O 理论，美国是一个资本丰裕而劳动力相对稀缺的国家，其对外贸易结构应该是出口资本、技术密集型产品，进口劳动密集型产品。里昂惕夫（Leontief）根据 H-O 理论，用美国 1947 年 200 个行业的统计数据对其进出口贸易结构进行验证时，结果却得出了与 H-O 理论完全相反的结论，这一难题称为里昂惕夫悖论。里昂惕夫悖论虽没有形成系统的理论观点，但它对原有国际分工和贸易理论提出了严峻的挑战，引发了对国际贸易主流思想的反思，推动了二战后新的国际贸易理论的诞生。

（三）新贸易理论阶段

二战后，国际贸易的产品结构和地理结构出现了一系列新变化。新要素理论（自然资源理论、人力资本理论、研究与开发学说、信息要素）、偏好相似理论（该理论将研究重点首次转移至需求方特征的分析）、动态贸易理论（主要从动态角度分析国际贸易产生与发展的原因，主要有技术差距论、产品生命周期论、"技术外溢"与"干中学"学说、动态比较优势论），综合起来说，这些理论的前提假设仍然建立在完全竞争市场结构基础之上，未考虑现代经济发展过程中广泛存在的规模经济问题，因此，在解释现实经济现象时虽各有一定的解释力，但其不足之处也十分明显。

对新贸易理论作出突出贡献的是以美国经济学家克鲁格曼为代表的一批经济学家。新贸易理论认为除国家间的资源差异外，规模经济亦是国际贸易起因和贸易利益来源的一个独立因素，打破了比较优势理论中的规模收益不变和完全竞争这两条基本假设。保罗·克鲁格曼将阿维纳升·迪克西特和约瑟夫·斯蒂格利茨提出的纳入差异产品和内部规模经济的垄断竞争模型拓展至开放条件下，创立了"新张伯伦模型"。兰卡斯特模型基于简单的水平差异产品的产业内贸易模型，以产品特性和消费者偏好的唯一占优选择性为基础解释国际贸易的成因，阐释具有相同要素禀赋特征的经济体之间，若不存在贸易壁垒、运输成本，在规模收益最大化和消费偏好差异的影响下，仍可以展开产业内分工和贸易。哈佛大学教授迈克尔·波特从企业参与国际竞争这一微观角度解释国际贸易，弥补了比较优势理论在有关问题论述中的不足。波特认为，一国的竞争优势就是企业与行业的竞争优势,一国兴衰的根本原因在于它能否在国际市场中取得竞争优势。而竞争优势的形成有赖于主导产业的相对优势,关键在于能否提高劳动生产率,其源泉就是国家是否具有适宜的创新机制和充分的创新能力。波特提出的"国家竞争优势四基本因素、两辅助因素模型"中,生产要素、需求状况、相关产业和支持产业、企业战略、结构和竞争对手、政府、机遇都是国家竞争优势的决定因素。波特根据以上各大要素建立了钻石模型,说明了各个因素间如何相互促进或阻碍一个国家竞争优势的形成,对当今世界的经济和贸易格局进行了理论上的归纳总结。我国以林毅夫教授为代表的经济学家提出"动态比较优势理论",认为一个国家的产业和技术结构从根本上取决于国内要素禀赋,其升级是产业结构升级的基础。

(四) 新兴古典主义阶段

新兴古典经济学是20世纪80年代以来新兴的经济学流派。以杨小凯为代表的一批经济学家用超边际分析法将古典经济学中关于分工和专业化的经济思想形式化,将消费者和生产者合二为一,发展成新兴古典贸易理论。该理论使研究对象由给定经济组织结构下的最优资源配置问题,转向技术与经济组织的互动关系及其演进过程,力图将外生的比较利益因素引入基于规模报酬递增的新兴古典经济学的贸易理论模型中,把传统贸易理论和新贸易理论统一在新兴古典贸易理论框架之内。

无论是产业间贸易理论还是产业内贸易理论,都暗含着一个前提假定,即作为分工和贸易对象的产品,其全部生产过程在某一国家或经济体内部进行。国际垂直专业化的出现和发展,意味着国际分工对象从产品层面扩展到工序层面,产品的生产过程分割为多个生产环节,形成了一个价值增值链条,并在跨国界的不同区位进行分布。产品内分工的核心内涵是特定产品生产过程不同工序或区段通过空间分散化展开成跨区或跨国性的生产链条或体系,因而有越来越多国家参与特定产品生产过程的不同环节或区段的生产或供应活动。在此基础上,分布于世界各地的企业通过这种分工关系将分布于世界各地的价值链环节和增值活动连接起来,从而形成了全球商品链。

二、国际经济与贸易学科发展趋势

国际经济与贸易学科研究的发展趋势与经济现实的变化密不可分,不断呈现出新特征。为了对现实经济具有更强的解释力,学者们不断突破原有理论的假设设定,丰富研究手段与方法,不断进行深入探索,主要体现为以下几方面:

(一)新一新贸易框架下的理论扩展与实证发现

国际贸易学术研究的主要方向和学术前沿集中在新一新贸易框架下的理论扩展与实证发现,包含异质性企业的贸易行为与模式选择及其经济效应、异质性企业的生产组织行为选择两个分支。前者主要涉及企业的出口行为选择、出口模式选择、出口产品种类选择、出口市场选择等多个研究方面;后者主要关注全球生产网络、生产分割和垂直专业化分工、企业在外包和一体化之间的抉择等研究。

(二)对传统理论的扩展、应用与检验

传统贸易理论对现实贸易模式仍有一定的解释力,与新的贸易理论不断发展同时并存的,还有一种对传统比较优势理论、要素禀赋理论等进行的扩展、应用和检验。在大卫·李嘉图比较优势理论模型基础上的扩展及新检验,弥补了该领域实证检验缺乏的不足,将这一研究领域向前推进。一些研究在大卫·李嘉图模型基础上,分析生产率、技术进步、内生增长与贸易的关系。在贸易测量方法方面,贸易不平衡的测度、引力方程等领域都取得了新进展。

近年来,以贸易战和新冠疫情暴发为分界点,传统国际贸易理论正面临挑战。如关于对外加征关税的国内效应问题。关税的福利分配效应主要有消费效应、收入效应和财政收入效应。理论上,关税将抬升进口品价格,进而降低消费者福利;关税有助于保护国内产业,进而增加国内就业。很多学者通过实证研究表明美国对外加征关税确实提高了国内消费品价格,继而导致了消费者福利损失;但也有学者通过实证研究表明,美国对外加征关税并没有带来就业增加。综合来看,美国对外加征关税行为造成了福利的净损失。

(三)现实热点问题研究的推进

从国际形势分析,现阶段国际环境日趋复杂,不稳定性和不确定性日益加剧。2008年美国次贷危机、欧洲主权债务危机等在较大程度上改变了世界经济政治格局,逆全球化势力的全球影响呈现强化趋势,再加上新冠肺炎疫情的全球大流行使得国际格局加速演化,全球经济、科技、文化、安全、政治等格局继续深刻调整。一些大国的内顾倾向明显上升,单边主义、保护主义抬头,经济全球化进程遭遇波折。全球贸易低迷,全球范围贸易摩擦加剧、地缘政治紧张局势升温,世界经济下行风险增大,也给相关学科发展提出了新挑战。垂直专业化分工具有规模效应、技术外溢等优势,是当前国际分工的主流模式。然而,随着新冠疫情暴发,全球垂直专业化分工所产生的安全性问题暴露无遗。由此,Brakman等人认为疫情将加深对全球化的不满情绪,进而导致国际分工体系的变革。Vidya和Prabheesh通过比较疫情暴发前后全球生产网络数据发现,疫情暴发后各国贸易联系明显下降,全球贸易量迅速下滑。Hayakawa和Mukunoki基于机械制品贸易数据进行的实证检验,也得出了类似的结论,且认为供给冲击是全球生产网络下降的主要原因。因此,国际贸易领域不断出现的新变化,将驱动理论研究、学科发展的进步。

第四章 国际经济与贸易专业课程体系

 **内容提要**

随着经济社会的发展和经济全球化格局的深刻变革,我国对国际经济与贸易人才培养提出了新的要求。本章围绕国际经济与贸易专业的培养目标、专业定位与培养要求分析专业课程体系的构建,着重对课程设计思路、课程设计原则以及课程体系中所涉及的重要专业课程与实践教学等内容进行介绍,使学生对国际经济与贸易专业的课程体系有较为全面和系统的了解。

第一节 课程体系设计的意义与思路

一、课程体系设计的背景与意义

随着互联网和信息技术的进步,以电子商务、大数据、区块链为代表的数字经济、数字贸易快速发展,加之中国对外开放外部环境面临重大变化,加快人才培养体系改革,培养能够驾驭新时代复杂形势的高素质国际经贸人才,已成为高等院校人才培养所面临的重要课题。人才培养涉及环节较多,但课程体系建设作为学生知识技能获得、知识结构更新的基础,无疑是其中的关键一环。国际经济与贸易优秀人才的培养依赖于科学、系统、合理和具有专业特色的课程体系。课程体系是实现人才培养目标的基石,直接影响教育对象的知识结构、能力结构和整体素质。课程设置则是实现人才培养目标的重要手段,是整个教育教学的核心环节和关键。课程设置包括课程类型的选择、课程开设的安排(如课程科目的时间安排和顺序衔接等)、课程内容的确定等。合理有序的课程设置、恰当的内容安排以及系统化的课程体系构建,不仅关系到专业人才培养目标的落实,也直接影响高校人才培养的质量。

二、课程体系设计的思路

高校的专业课程设计是一项复杂的系统工程,其逻辑起点是学生的发展需要,由各专业学生培养目标决定,以培养目标和专业方向为依据,同时充分考虑学生认知方式与认知习惯的特点及其发展规律。进行课程设计时,应明确根据专业培养目标要求,学生在知识、能力、素质等方面所需达到的水平,以及为了达到这样的水平,需要设置哪些课程板块,每一课程板块所设置的具体科目和课程内容。高校课程设置的知识板块不是封闭的"金字塔"形状,而是开放的"知识树"形态。课程设计不仅要根据培养目标、学科内容、师资力量等相匹配,还应根据经济社会的发展、市场的需求变化以及本学科的发展及时调整,从而使课程设计与时俱进,并与经济发展和社会需求紧密联系。

就国际经济与贸易专业而言,全国同类专业的课程体系一般均采取了知识模块的设计方式,课程体系通常由通识课、专业基础课、专业必修课、专业选修课和实践性教学环节几部分构成。因此,根据国际经济与贸易专业的培养目标,通识课(包括思想政治理论课、大学英语、体育、创新创业课等)的设置主要是培养学生的价值观、拓宽学生的知识面,强化学生对政治、历史、文化、社会和自然科学的认知,为进一步的专业课程学习做好必要的准备。专业基础课主要涉及本学科的一些基础课程,包括专业课的先修课程。专业基础课的开设重在对学生经济学专业基础知识的传授,为学生后面学习专业课夯实理论和方法基础,并为学生未来的深造以及事业发展奠定坚实的专业基础。专业课则为补充和深化专业基础课而设置,课程的开设着重学生专业技能的培养,使学生具备从事国际贸易活动所需的基本技能。专业课可根据修课的自主程度,分为必修和选修两类。必修课是学生为达到本专业的基本素质要求必须无条件选择学习的课程;选修课则是学生在完成必修课程基础上,可以根据学校总学分要求和个人兴趣自由选择学习的课程。实践性教学环节是配合理论教学,培养学生分析问题和解决问题的能力,加强专业训练和锻炼学生实践能力而设置的教学环节。实践性教学环节通常包括课程的实践性教学(如课程作业、课程实验等)以及集中实践性教学(如专业实习、毕业论文、社会实践等)两类。

第二节　课程设计原则

在世界经济复杂多变的国际背景下,国际经济与贸易专业的课程设置既要紧跟时代发展、适应社会的变化与需求,同时也要迎合学生的需要与兴趣,利于学生综合能力的培养及身心健康的发展。一般来说要遵循以下几条原则。

一、理论性与实践性并重原则

国际贸易学是一门实践性很强的综合性应用学科,属于应用经济学范畴。而从事国际经贸活动是一项技术性、实务性很强的涉外工作,对从业人员的知识面、业务技能及综合素质都有较高要求。国际经济与贸易专业培养的学生不仅要通晓国际经贸活动所需的基本理论与基础知识,还应具备将理论应用于实际业务的素质与能力。因此,国际经济与贸易专业的课程设置必须做到理论性与实践性并重。设置课程时,既要关注学生对经贸活动相关知识、原理以及技能的掌握,为学生奠定相对完备和坚实的理论基础,同时更要注重学生综合业务素质和商务活动能力的培养,使学生能在实际业务中能灵活应用所学的知识、方法与技能,成为适合市场经济和全球化需求的应用型人才。

目前很多高校在国际经济与贸易专业的课程设置中涵盖了多门经济学、管理学的学科基础课程,如产业经济学、国际投资学、经济学方法论、管理学原理、财务管理、物流管理等,为学生搭建了宽广的学科基础平台,奠定了宽厚的专业知识基础。此外,许多高校在课程设置中还加强了应用型课程体系的建设,通过增设若干实践性较强的应用性课程、增开课程实验等方式试图为学生提供更多的理论联系实际、参与模拟实训的机会。例如国际贸易单证制作、报关实务、国际运输与保险、进出口案例分析等相关专业课程的开设,以及国际贸易实务实验、国际结算与单证实验、报关报检实验、外贸函电实验等课程实验的开展。这些应用性课程及课程实验有利于进一步加深和巩固学生对专业基础知识、基本理论与技能的掌握,提高学生分析问题和解决问题的能力,真正做到学以致用。

二、现实性与前瞻性兼顾原则

社会需求是人才培养的重要依据,课程设置作为实现人才培养目标的重要手段,同样要基于社会的现实需求。相应地,国际经济与贸易专业的课程设置原则上应立足于满足国际经济贸易实践的需要,紧密围绕当前社会经济发展过程中紧迫需要的与国际贸易相关的内容来展开,使学生的知识结构能够适应现实的社会需求。然而人类科技日新月异、生产力迅速发展,社会需求也在不断发生变化,这既对人才培养提出了更高要求,又使得学科本身的内容得到更新、丰富和拓展。于是客观上对专业的课程设置提出了新要求:既要立足于社会的现实需求,也要能够适应社会的发展与变化,根据科技与学科的最新发展不断地对课程内容进行调整和完善,为培养高度适应性的创新人才奠定坚实基础。

与其他传统经济学科相比,国际贸易的环境和手段更新较快,因此,国际经济与贸易的专业课程设置更需要紧跟国际贸易实践发展的最新需求,努力做到现实性与前瞻性相结合。例如,随着技术与服务贸易的快速发展及大数据、云计算的迅速崛起，一些高校对国际经济与贸易专业的课程体系做出了调整，将前沿、新兴的学科纳入课程体系中，增加了与之相关的各类课程，包括国际服务贸易、国际技术贸易、技术创新导论、商务智能与现代企业管理、网络经济学、大数据与云计算等。这些课程的开设，拓宽了学生的知识面，同时也有助于培养学生的探索和创新能力。国际经济与贸易专业的课程设置只有基于现实需求和发展需要，前瞻性地构建好专业课程体系，以有限的课程门类来满足学生对学科知识日益扩展的需求，才能够更好地推动学科发展，为社会培养符合现实需要和发展要求的国际经济与贸易人才。

三、普适性与特色性结合原则

国际经济与贸易专业的课程设置首先要具备普适性，这不仅与新时期下经济全球化对人才培养"宽口径、厚基础"的基本要求相吻合，同时，扎实宽广的基础知识对学生今后从事国际经济与贸易方面的研究和实践工作也大有益处。按照普适性的要求，国际经济与贸易课程体系的基本内容应当涵盖学生未来择业、就业及从业所需的基本理论、基础知识和专业技能所需的相关课程。因此，一方面需要加强基础课程教育，拓宽国贸专业学生在经济与管理相关学科的知识面，强化学生的理论基础。另一方面需要大力扩展专业课程（包括专业必修课和专业选修课），通过对专业课的优化设置，使学生能较为全面地掌握专业应具备的知识、素质与能力。

在确保普适性的同时，国际经济与贸易专业的课程设置还需要具备特色性。世界一流大学一般都有自己引以为傲的特色课程体系，如哈佛大学的"核心课程"、麻省理工的跨学科选修课程计划、牛津大学的"复合课程"等。各高校应根据自身的内外条件及办学理念，探索出一整套适合本校发展的校本课程，构建具备特色的专业课程体系。以开设国际经济与贸易专业的医药类院校为例，为突出医药行业特色和优势，开课院校大多在专业课程中增加了一定比例的医药类课程，如药学概论、临床医学、药理学、中医学概论、中药药剂学等。部分院校（如南京中医药大学）通过对经济管理与医药类课程的整合，开设了多门特色专业课程，如医药国际贸易、OTC与保健品营销、药物商品学、药品临床推广与技巧和药品广告学等，充分体现出开课院校在人才培养定位上的医药行业特色。

第三节　课程体系设置与专业理论课程介绍

一、国际经济与贸易专业课程体系设置

截至 2019 年底，我国拥有 1265 所普通高等本科院校，其中设置有国际经济与贸易专业（方向）高校已有 700 百余所，包括综合类院校、财经类专业院校和其他专业类院校。其中，不少医药类院校也设置了国际经济贸易专业或医药经济国际贸易方向。

（一）教育部对国际经济与贸易专业课程体系设置的要求

根据教育部 2018 年发布的《普通高等学校本科专业类教学质量国家标准》(下称《国标》)，国际经济与贸易本科专业课程体系包括理论教学和实践教学两大部分。理论教学包括思想政治理论课程、通识课程、专业基础课程和专业课程（表 4-1）；实践教学包括实验（实训）、专业实习、社会实践和毕业论文。

表 4-1　《普通高等学校本科专业类教学质量国家标准》
国际经济与贸易专业理论教学课程设置

课程模块	课程类型	建议课程或内容
思想政治理论课程	—	全面实施思想政治理论课程方案，推动中国特色社会主义理论体系进教材、进课堂、进头脑
通识课程	通识必修课	大学语文与写作、外语、数学、计算机操作与数据库应用、创新创业教育、体育、国防教育等
	通识选修课	人文艺术、社会科学、自然科学等
专业基础课程	—	政治经济学、微观经济学、宏观经济学、会计学、统计学、财政学、金融学、计量经济学、国际经济学、管理学

续表 4-1

课程模块	课程类型	建议课程或内容
专业课程	专业必修课	国际贸易学、国际贸易实务、国际结算、跨国公司经营管理、世界经济、国际政治经济学、中国对外贸易、经济法、国际商法、市场营销、消费经济学、产业经济学、贸易经济学、物流学、服务贸易、期货市场学、电子商务、国际商务、商务谈判
	专业选修课	各高校自主设置,应当与专业必修课程形成逻辑上的拓展和延续关系,并形成课程模块供学生选择性修读

根据《国标》要求,国际经济与贸易专业所设课程必须符合专业培养目标要求,体现专业特色。高校可根据自身国际经济与贸易专业建设的定位与特色合理安排专业基础课的结构与课时。对于专业核心课程,各高校可根据自己的专业特点和条件至少从建议课程中选择开设 6 门专业必修课。高校可自主设置专业选修课。同时,鼓励开设全英文专业课程,鼓励有条件高校开发跨学科、跨专业的新兴交叉课程,鼓励有条件的高校制定并实施国内(外)学生交换、学分互认,鼓励高校建立在线开放课程学习认证和学分认定制度,提倡高校间课程资源共享,充分利用网络资源为学生自主学习提供条件。

(二)不同类型的高校国际经济与贸易专业的课程体系

目前各类高校国际经济与贸易专业的课程体系设置一般都包括通识课、专业基础课、专业必修和选修课以及实践教学环节。由于专业培养目标、师资和办学理念等方面的差异,各类高校国际经济与贸易专业在通识课程设置上基本一致,但专业基础课程和专业课程设置上存在一定差别。一般来说,综合性大学国际经济与贸易专业的课程设置与《国标》基本一致,侧重于经济学理论知识和思维能力的培养;财经类院校的课程设置则更突出应用性和实践性,注重学生适应国际贸易实践新发展能力的培养;其他专业特色类院校如医药类院校的专业课程则强调除学生国贸专业能力的培养还要突出行业特色与优势。下面主要介绍不同类型高校国际经济与贸易专业课程体系中专业理论课程(专业基础课程和专业课程)的设置情况。

1. 综合性大学国际经济与贸易专业专业理论课程设置

国内综合性大学的国际经济与贸易专业,一般在课程体系设计上较侧重理论性课程,强调对学生经济学思维能力的培养和研究方法的训练。如南京大学、厦门大学、湖南大学、武汉大学、南开大学、浙江大学、复旦大学等。以南开大学和南京大学的国际经济与贸易专业为例,分析两所高校的专业理论课程的设置。

南开大学的专业理论课程分为大类基础课程和专业课程,专业课程又分为专业必修课程和专业选修课程。大类基础课类似于专业基础课,但更精简并强调学生对经济学基础理论知识的掌握,主要包括领略经济学、政治经济学原理、西方经济学(中级微观)、西方经济学(中级宏观)和中国特色社会主义政治经济学等课程。专业必修课包括线性代数、财政学、概率论与数理统计、国际经济学、统计学、会计学、计量经济学、金融学、创新研究与训练、世界经济概论、国际贸易实务、数量经济学、国际金融理论与政策、国际贸易理论与政策、应用计量经济学等。专业选修课设置上除包括传统的国际商务谈判、国际结算、国际服务贸易、国际投资与跨国公司、消费者行为学、国际商法、产业经济学、国际商务英语、证券投资理论与实务等课程外,还根据经济学前沿发展和国际经贸实践,开设了国际商务前沿、网络经济学、实验经济学、行为经济学和"一带一路"国家经济地理等课程。此外,该专业还开设了许多方法和工具类的课程以培养学生科研探索能力,如Python 与机器学习、Stata 在经济学中的应用、国际经济与贸易科研训练和空间计量经济学理论与应用等。

南京大学在专业理论课程设置上未明确区分专业基础课和专业必修课,而是统称学科专业模块,并将其分为学科平台和专业核心,学科平台课程除包括政治经济学、微观经济学、宏观经济学、统计学、会计学、计量经济学、国际金融等《国标》规定的专业基础课外,还设置了国际贸易。专业核心课程包括国际经济学、国际贸易实务、国际结算、市场营销、外贸英语函电、商事法、商务沟通(三)和概率论与数理统计等课程。选修课除设有专业选修课外还设有跨专业选修课。专业选修课包括货币银行学、世界经济概论、产业经济学、贸易与环境、世贸组织概论、财政学、商务沟通(一)(二)、国际贸易理论政策前沿、中国对外贸易、国际物流、跨国公司管理、投资银行学、国际贸易地理、财务管理、数理经济学、发展经济学、投资项目评估、证券投资学、财务报表分析、中级微观经济学和中级宏观经济学等。跨专业选修课包括管理学、电子商务原理、应用随机过程和实变函数与泛函分析等。

总体上，综合类高校国际经济与贸易专业课程设置与教育部的《国标》比较契合，同时理论性课程在整个课程体系中所占比重较大，注重学生理论基础的夯实和逻辑思维能力的培养。

2. 财经类院校国际经济与贸易专业专业理论课程设置

财经类院校的国际经济与贸易专业在课程体系设计上一般更侧重于应用性，表现为实务类和应用型课程所占比重比综合类院校大，注重学生实践能力和适应国贸新形势新变化能力的培养，如中央财经大学、对外经济贸易大学、上海财经大学和天津财经大学等。

以对外经济贸易大学与天津财经大学的国际经济与贸易专业为例，两所院校的课程体系的专业理论课设置均以国贸专业较为核心的主干课程为主，且开设有不少实务类与体现国际贸易新发展的课程。对外经济贸易大学设置了通识通修的专业入门课程，包括数学和包括财务会计、计量经济学和国际商法在内的经管法课程，以夯实学生专业学习基础。其学科基础必修课包括政治经济学原理、经济学导论、微观经济学、宏观经济学、货币银行学、财政学、国际贸易学和国际经济学；学科基础选修课包括贸易与商务类课程、经济学类课程、金融类课程、运输物流类课程、投资类课程和荣誉类课程等六个板块，课程种类繁多，与时俱进，包括绿色贸易前沿专题、当代中国经济专题、国际贸易前沿课题及方法论等课程。同时课程设置上也非常注重学生研究探索问题能力与实践能力的培养，如开设了计算机政策仿真与应用、国际贸易实务模拟、发展专题与计量方法应用和金融风险定量技术等课程。在专业必修课方面，对外经济贸易大学开设了国际贸易实务、国际金融学、跨国公司、产业经济学/产业组织理论、国际经济学和贸易数据库与分析工具等六门课程。从天津财经大学的专业理论课程体系设置来看，专业基础课包括政治经济学原理、微观经济学、宏观经济学、会计学、财务管理、管理会计、财务分析、金融学、国际金融、统计学、计量经济学、财政学、管理学原理、市场营销学、经济法等；专业必修课包括国际贸易理论与政策、中国对外贸易概论、国际贸易实务、国际商法、国际市场营销、国际贸易单证制作、国际经济学、跨国公司概论、国际经济合作、国际技术贸易等；专业选修课包括国际贸易函电、经济分析软件操作与实训、国际贸易政策环境与市场行情分析、国际贸易英语、英语报刊选读、商务谈判口语、国际商务礼仪、电子商务、国际投资学、国际投资法、公司理财、国际保险、国际服务贸易、国际物流学等。

可以看出，与综合性大学相比，财经类院校在国际经济与贸易专业课程体系设置上的侧重点有所不同，他们除注重夯实学生国际经济理论基础和培养学生定量分析能力外，还注重培养学生对国际经济政策分析与行业分析能力，以及学生应用型研究能力的训练。

3. 医药类院校国际经济与贸易专业专业理论课程设置

20世纪90年代以来，我国医药类院校陆续开设经济与管理类专业。医药类院校开设的国际经济与贸易专业大多在人才培养目标上立足于行业需求，在课程设置上增设了适量医药类课程以及经济管理与医药相结合的课程，以促进多学科相互融合、突显行业特色（表4-2）。

表4-2 医药类院校国际经济与贸易专业主干及特色课程设置

课程类型	课程名称
专业主干课程	宏观经济学、微观经济学、国际经济学、国际金融、会计学、管理学、统计学、国际商法、国际市场营销、国际贸易理论、国际贸易实务、外贸英文与函电、国际商务谈判、财务管理、世界经济概论、市场调查与预测
医药类课程	药学概论（基础）、基础医学概论、临床医学概论、生理学、药理学、药剂学、生药学、中医学概论、药物资源学、解剖学
经济贸易与医药结合类课程	医药商品学、医药国际贸易、医药营销学、卫生经济学、医院管理学、卫生事业管理学、医药企业管理学、药品商务策划、医药产业经济学、药事法规

以医药类院校中较早设立国际经济与贸易专业的南京中医药大学为例，在国贸专业的课程设置、教学模式等方面南京中医药大学为全国同类院校特色专业建设提供了许多借鉴。为突出自身办学特色、提升竞争力，南京中医药大学的国际经济与贸易专业在课程体系设置上呈现以下特点：

（1）专业课程整合与特色课程开设。按照学校办学定位和专业培养目标，南京中医药大学在课程体系设计上将一般高校开设的基本通识课程、基本经济类课程与医药行业特有的课程（基本医药类课程）进行有效整合，以促进不同学科的交叉与渗透，满足医药贸易类人才培养的特殊需求。目前，南京中医药大学的国贸专业开设有医药国际贸易、医药市场营销、药物商品学、药品广告学、药事法规、药品临床推广技巧、OTC与保健品营销等多门特色专业课程。

（2）课程体系的模块化、渐进式设置。国贸专业的专业课程体系被整合为密切关联而又逐层渐进的四大板块，即经济学基础课程模块、国际贸易学理论课程模块、国际贸易实务课程模块和特色辅助课程模块（表4-3）。其中，特色辅助课程模块不仅包含一些具有医药行业特色的专业课程，还为学生提供了三个套餐式的选修课程——医药学类、医药商务类和国际商务类课程。医药学类旨在夯实学生的医药专业基础知识，成为掌握一定医药知识的专才，医药商务模块旨在培养医药贸易交叉复合型人才，而国际商务模块意在培养学术或就业通才，为学生实现多元化发展提供基础。特色辅助课程模块的设计充分依托南京中医药大学的医药背景和可靠师资，对于丰富和拓展学生医药专业知识、培养医药行业所需的经贸复合型人才，以及增强学生就业的主动性和适应性具有重要作用。

（3）对实践教学的相关探索。南京中医药大学的国贸专业在课程模块中（尤其是国际贸易实务课程模块）开设有大量的课程实验，如外贸综合实验、国际货运代理模拟实训、国际结算模拟实验等。实践教学环节在课程总学时中所占比例高达15%左右。课程实验的开设充分借助软件系统所提供的仿真模拟平台，对学生从事国际贸易业务所需的各项专业技能进行实训，有助于学生实际操作能力与专业素质的提升。

表4-3 医药类院校国贸专业课程体系及模块设置（以南京中医药大学为例）

课程类型	课程名称	课程模块
通识课	中国近现代史纲要、马克思主义基本原理、思想道德修养与法律基础、毛泽东思想和中国特色社会主义理论体系概论、思想政治理论综合社会实践、大学生职业生涯规划、大学生创新创业与就业指导、形势与政策、军事基础、体育、大学英语、大学信息技术基础、大学生心理健康教育	通识必修模块

续表 4-3

课程类型		课程名称	课程模块
专业基础课		国贸专业导论、高等数学、线性代数、概率论与数理统计、微观经济学、宏观经济学、计量经济学、统计学、管理学、财政学、合同法、会计学、货币银行学、政治经济学、国际经济学	经济学基础模块*
专业必修课		国际贸易理论(双语)、国际金融(双语)、国际贸易实务(双语)、市场调查与预测、医药市场营销学、国际商法、国际结算(双语)、国际货物运输与保险、世界经济概论、国际商务谈判(双语)、外贸函电(双语)、跨境电子商务(双语)、证券投资分析、毕业论文设计与写作	国贸理论模块* 国贸实务模块*
融合创新课		医药国际贸易	专业特色模块
专业选修课	公共限选课	人文艺术类、科学素养类、社会认知类、国学经典类、国际视野类	通识选修模块
	专业限选课	医药学类:健康教育、中药学、基础医学概论 医药商务类:药品广告学、药物商品学、药品临床推广技巧、药事法规、OTC与保健品营销 国际商务类:人力资源管理、商务沟通、公司金融、数据分析与应用、财务管理、电子商务、消费者行为学、商务英语听说、产业经济学、保险学原理	特色辅助模块*
任选课	公共任选课	现代西方哲学、中医文化学、中医学基础、中医学概论、中药研究进展、方剂学、人体胚胎学	通识任选模块
	专业任选课	Eviews 基础与应用、SPSS 经济统计分析、西方经济学(中级)、社会行为与社会控制、证券投资分析	专业任选模块
实践教学		上机实验、军事训练、素质拓展、教学实习、毕业实习、毕业论文及答辩	实践课程模块

* 专业课程的四大模块。

(三) 各类高校国贸专业课程体系的比较

目前国内开设国际经济与贸易专业的院校较多,各类高校国贸专业课程体系的设置具有较强的共性,即普遍以国家教委倡导的"厚基础、宽口径、跨学科、复合型"办学原则为指导,强化通识基础课、专业基础课等基础性质的课程,为不同学科间交叉、渗透、融合搭建平台。通过"厚基础"的课程体系设置,使学生成为既具有宽广、扎实的经济学基础,又全面掌握国际经贸基础理论、国际商务管理专业知识的复合型人才,能在毕业时根据自己的兴趣和人才市场的实际需求灵活就业。

同时,对综合类院校、财经类院校以及医药类院校三类高校课程体系的比较显示,不同类型的高校在国际经济与贸易专业课程设置上各具特色。综合类院校更侧重于大基础教育以及理论性课程,体现为学科基础课与专业基础课等理论性课程的课时比重较大,"厚基础、宽口径"的特点突出。财经类院校在注重学科基础教育的同时,增加了专业选修课的比重,突显出财经类院校的专业特殊性,同时也有助于强化课程的应用性,体现国际贸易实践的发展。对于医药类院校而言,课程体系中有来自经济、管理、医药和法律等不同学科的多类课程,且开课门数较多、课时总量较大。按照国家教委对高校课程的五分类法统计,医药类院校不仅专业选修课比重大,开课门数也在三类院校中最多。这一方面与医药行业经贸复合型人才培养的特殊需求有关,另一方面也显示出医药类院校目前尚存在学生学习强度较高、自主学习时间不足、学科建设目标不够明确等问题。

二、国际经济与贸易专业基础课程介绍

在国际经济与贸易专业课程体系中,专业基础课程大体包括政治经济学、微观经济学、宏观经济学、统计学、国际经济学、国际金融学、计量经济学以及财政学等。这几门课程是经济学类各专业的共同主干课程,共同奠定了学生较为宽厚的经济学基础,是学生专业基础知识的重要来源。

(一)政治经济学

政治经济学是一门以人们的社会生产关系即经济关系为研究对象的学科,它阐明人类社会各个发展阶段支配物质资料的生产和分配的规律。马克思主义政治经济学提出了剩余价值理论,认为劳动的付出没有得到同样的回报,剩余价值被没有付出劳动的"资本"所剥削。生产资料的私人占有和产品的社会化必然会导致产生周期性的经济危机。中国特色社会主义市

场经济的建设进一步丰富和发展了马克思主义政治经济学理论。本门课程可以让学生掌握马克思主义经济学的基本原理和观点，准确分析和认识当代资本主义经济和社会主义经济发展过程中出现的新现象和新情况，坚定不移地走中国特色社会主义道路，投身于社会主义现代化建设和改革开放的伟大实践中。

（二）微观经济学

微观经济学是国际经济与贸易专业的必修课，针对已具备一定高等数学知识的经济学、管理学专业的本科生开设。课程主要从资源稀缺这一基本前提出发，研究市场中个体（即单个家庭、单个厂商和单个市场）的经济行为，考察所有个体利用有限资源实现效用最大化的条件。课程内容主要包括均衡价格理论、消费者行为理论、生产理论、成本理论、市场理论等，其中均衡价格理论是微观经济学的核心理论。通过本课程的学习，要求学生掌握微观经济学的理论框架和基本内容，了解其最新发展；掌握微观经济学的分析方法，学会分析和解决现实经济问题。本课程的开设可为学生进一步学习经济学知识奠定扎实的基础。

（三）宏观经济学

宏观经济学是经济学各专业的重要基础理论课程之一，与微观经济学共同构成现代经济学理论体系。课程以整个国民经济作为研究对象，研究经济总量的决定及其变化规律，包括国民收入核算理论、国民收入均衡理论、经济增长理论、就业理论、通货膨胀理论、经济周期理论、经济政策理论等，为政府制定宏观经济政策提供理论依据。通过本课程的学习，使学生掌握宏观经济学的基本原理和宏观经济的分析方法，为学生学习后续其他专业课程以及今后从事经济管理工作打下良好的理论基础。

（四）统计学

统计学是为经济与管理学科各专业本科学生开设的一门必修的基础课程。课程主要讲授统计学的基础理论知识和分析数据的方法。通过本课程的学习，要求学生能够运用基本的统计方法、原理处理一些实际的经济问题，将所学知识与 Excel、统计软件 SPSS 相结合，进行相关方法的基本操作和统计应用。本课程有利于培养和提高学生的逻辑思维能力及综合运用所学知识分析和解决实际问题的能力,可为学生学习后续各类财经类课程以及今后工作奠定必要的数学基础。

(五) 国际经济学

国际经济学是国际经济与贸易专业一门重要的专业基础课,它是以经济学的一般理论为基础,以国际贸易、国际金融、国际要素流动和国际生产为主题,以理论和政策分析为特点,以国际经济关系和国际经济活动为研究对象的经济学科。同时,国际经济学也是西方经济学基础理论——微观经济学和宏观经济学的延续和应用,是建立在西方经济学的基本原理基础之上,研究各国经济活动之间关系的经济学科分支。课程主要包括国际贸易理论、国际贸易政策、国际收支与外汇市场及宏观经济政策和生产要素的国际移动等内容。通过本课程的学习,学生能系统地掌握贸易、金融及投资在国际间发展的原因及趋势,进一步增强用理论分析实际问题的能力。

(六) 国际金融

国际金融是研究货币资本在国际间周转与流通的规律、渠道和方式的一门理论与实务相结合的学科。与研究国际间商品、劳务和技术流通的国际贸易学不同,国际金融学主要研究的是国际间货币支付和资本转移。与主要揭示流通、分配领域内货币资本运动一般规律的货币银行学也不同,国际金融学注重揭示国际间货币、信用、银行及其相互联系的具体规律。课程系统地介绍国际金融所涉及的所有主题,包括国际货币金融交易活动的支付和交易体系,主要的国际金融工具、市场和金融机构,汇率和国际收支的决定,开放宏观经济学和政策分析等,为学生今后从事国际贸易实务和金融投资业务奠定知识基础。

(七) 计量经济学

计量经济学是应用数学方法和统计推理等计量技术,根据实际统计资料,对经济理论提出的经济关系进行数量分析的一门经济学科。它属于实证经济学范畴,是一门应用性很强的学科。作为经济学、国际经济与贸易专业的专业基础课之一,课程要求学生掌握计量经济学的基本理论和方法,熟悉计量经济分析工作的基本内容和工作程序,了解计量经济学的前沿发展方向;能够建立与应用计量经济学模型,对现实经济现象中的数量关系进行分析,并结合计算机解决一定的计量经济问题。本课程的开设与学习将为学生今后进一步深造和实际工作中的经济决策打下良好的基础。

(八)财政学

财政学是研究国家或公共团体获取收入、支出经费的经济行为,总体上属于宏观经济学范畴。课程内容主要包括三部分:一是财政支出,如购买性支出和转移性支出;二是财政收入,如税收和国债;三是理论的应用,如财政政策等。通过本课程的学习,要求学生在掌握财政等相关概念的基础上,能运用所学知识解释现实经济中的财政问题,提升分析现实经济的能力。

三、国际经济与贸易专业核心课程介绍

国际贸易理论、国际贸易实务、外贸函电、国际商务谈判、国际货物运输与保险、国际结算以及世界经济概论等是国际经济与贸易专业核心课程,在专业课程体系中占据十分重要的地位。

(一)国际贸易理论

国际贸易理论是国际经济与贸易专业的核心必修课之一,是一门理论性较强的课程。课程分析研究国际商品和服务贸易与国际要素流动的基本原理和影响因素,主要介绍从古典到当代的自由贸易理论、保护贸易主义理论及其政策工具、跨国公司的投资战略与各国国际投资政策、WTO的制度框架及相关协议、区域经济合作等内容。其任务是使学生了解国际贸易的基本概念、基本理论和贸易政策与措施,掌握对国际贸易发展规律进行分析所必需的基本知识。通过系统教学使学生能够比较熟练地运用所学知识理解和分析世界经济和中国对外贸易中的现实问题,为进一步研究国际贸易理论打下基础,并为学生从事国际经贸管理和服务提供一定的适应能力与基础。

(二)国际贸易实务

国际贸易实务是国际经济和贸易专业的一门核心专业课程及主干课程。它主要研究国际商品买卖具体过程和实际操作,是具有涉外活动特点且实践性很强的综合性应用学科。本课程以国际间商品交换为对象,以国际货物买卖合同为中心,对各个业务环节的知识及其运用进行比较全面、系

统、深入的介绍，并对当前在国际市场上广泛流行的有关货物买卖的各种贸易方式加以阐述。通过本课程的学习，学生能够较全面和较熟练地掌握有关国际货物买卖业务的基本原理、基础知识、基本技能、法律规定或国际贸易惯例，并懂得如何在实际业务中灵活运用，为学生掌握从业技能、胜任实际外贸工作奠定坚实的专业基础。

（三）外贸函电

外贸函电是一门融国际贸易业务与英语为一体的专业英语课程，也是国际经济与贸易专业学生的一门专业必修课。作为国际商务往来经常使用的联系方式，外贸函电是开展对外经济贸易业务和有关商务活动的重要工具，而本课程是为培养学生商务运作能力，特别是书面交际、沟通能力而设置的课程。课程内容以国际贸易流程为主线构建，讲授信函的行文结构、外贸专业词汇及语言文体等特点，让学生系统地学习、掌握外贸英文函电写作及处理技能，培养其商务运作能力，并能在写作中恰当运用专用语汇，能根据不同的情形处理并撰写外贸业务流程主要信函。通过课程的学习，为学生将来从事外贸工作，运用函电有效地进行业务联络、沟通、磋商、交易，提高工作效率奠定坚实基础。

（四）国际商务谈判

国际商务谈判是一门理论和实践密切结合的应用性学科，主要介绍商务谈判的有关知识、技巧和方法，具有知识面广、法律性强、实践性强、系统性强的特点，是国际经济与贸易专业的专业必修或选修课程。课程以国际商务谈判为教学内容，主要研究在国际商业环境下，商务谈判的规律、方法、原则和技巧策略。通过对国际商务谈判基本概念与相关理论的系统学习以及各种场景实训及模拟谈判实训活动，使学生理解国际商务谈判的理论与实践，掌握国际商务谈判的基本程序及基本经贸、商务信息与知识，了解国际商务谈判的各种策略及沟通技巧、谈判技巧、活动技巧，具有进行谈判所需要的沟通能力、谈判的组织与管理能力，从而使学生能够灵活运用谈判理论、实践操作与谈判艺术，更好地从事涉外商务活动。

（五）国际货物运输与保险

国际货物运输与保险是国际贸易专业的主干课程，也是从事对外经济贸易业务人员的必修课。本课程专门研究国际间货物运输与保险的具体过程，涉及国际贸易理论与政策、国际商法、国际贸易惯例、国际货物运输与保险、海上运输、铁路运输、航空运输、公路运输等独立运输方式与国际多式联运、国际运输代理人以及合理运输等多个学科知识的综合运用，是一门具有涉外活动特点、理论与实践结合紧密的应用性学科。通过本课程的学习，要求学生既熟悉货运、保险的基础理论和知识，又掌握一定的货运与保险的操作技能，为今后胜任国际货物运输与保险方面的工作积累必要的知识与技能。

（六）国际结算

国际结算以国际贸易和国际金融的理论原则为指导，研究国际间债权债务的清偿以及有关信用、资金融通的一般规律的课程。课程主要介绍国际结算中的票据、国际结算的方式、国际结算中的单据以及国际结算中的融资担保等内容。通过本课程的学习，使学生能够更加系统地掌握国际结算过程中所涉及的结算制度、结算工具、结算方式与结算单据等方面的基本知识、基本理论和基本技能，学会在实践中加以运用；掌握国际结算中所涉及的法律、法规、惯例及规章制度，学会解决金融实务和贸易结算领域中遇到的实际问题；通过模拟实验课程使学生更加系统地掌握国际结算的业务流程与操作规程，熟悉我国涉外金融、结算工作中的方针、政策与做法，并学会在实际工作中加以贯彻执行。

（七）世界经济概论

世界经济概论借助经济学的一般原理和分析工具，研究战后世界经济发展的基本状况、运行机制以及发展趋势，运用马克思主义世界观考察各国的经济特点，并结合中国改革开放、中国经济与世界经济的接轨，分析战后世界经济发展中的一系列重要问题。课程主要目的是让学生对当代世界的国际经济关系及支配国际经济关系发展变化的各种因素有一个比较全面、充分和客观的认识，能够通过本课程的学习，使学生了解和掌握世界经济发展中的重大理论和现实问题，熟悉通行的国际经济运行规则和惯例，为今后的工作打下基础。

第四节 实验与实践教学

从事国际经贸活动是一项非常复杂的工作。以一笔贸易业务为例,从卖方发货到买方收货,中间需要经过多个环节、办理许多手续,如申领出口许可证、商检、办理出口手续、托运、投保、装船、交单、卸货、申领进口许可证、办理进口手续、复验等。不仅如此,对于卖方而言,除了需要与交易的对方当事人(即买方)打交道外,还会涉及其他部门的众多当事人,如商检、运输、保险、金融、车站、港口和海关等部门的人员及各种中间商和代理商。国际贸易活动环节多、涉及面广的特点不仅要求从业人员须具备丰富的知识和较高的素质,而且决定了国际贸易学是一门注重实践性与操作性相结合的学科。因此,实践教学环节的设置在国际经济与贸易专业的课程体系中显得至关重要。通过专业实践活动,可以帮助学生综合、灵活地将所学知识运用于实际业务中,实现知识向技能的转化,增强专业实务能力和创新能力。

一般而言,国际经济与贸易专业的实践教学环节可分为实验(实训)、专业实习与毕业实习、社会实践以及学年论文和毕业论文等几个环节。

一、实验(实训)

课程的实验教学可以为国际贸易专业的学生掌握进出口业务的各项操作技能、熟悉业务的具体流程等提供"学用结合""学以致用"的操练与实训机会,构建一座贯通理论与实践的"桥梁"。实验教学的开展,一方面能够加深学生对所学知识体系的理解、融会与应用,另一方面也有助于学生培养实践动手能力、提升综合业务水平、积累业务经验,极大改善了以往专业教学中存在的理论和实践教学脱节的现象。

基于实验教学的重要性,一些大学在专业课程的教学中构建了多门基于网络平台的专业课程实验。如南京中医药大学国际经济与贸易专业在国际贸易实务(外贸综合实验)、国际结算(国际结算模拟实验)、国际货物运输与保险(国际货运代理模拟实训)、统计学(SPSS统计实验)、计量经济学(Eviews计量实验)、证券投资分析(模拟炒股实验)等专业课程中均开设有相应的课程实验环节。

在国际贸易实务课程中,外贸综合实验利用对外贸易实验平台进行课程实验。该平台结合了国际贸易专业的教学练习、认知实习和专业实习,通过融合和归纳国际经济学、电子商务理论和外贸实务流程与惯例,在互联网上建立起较为真实的国际贸易虚拟环境,让学生在其中亲身体验国际贸易的风险和乐趣,直接感受国际商务的复杂性,增长贸易实务的才能,培养团队合作精神。通过外贸实验平台,学生可以参与虚拟贸易,按照实习计划扮演进出口业务流程中的不同当事人,从而共同组成了模拟贸易环境。通过这样相互竞争和协作的角色扮演,他们将面对出口商、进口商、供应商甚至银行的日常工作,熟练掌握各种业务技巧,体会客户、供应商、银行和政府机构的互动关系,真正了解到国际贸易的物流、资金流和业务流的运作方式,最终达到在"实践中学习"的目的。

在国际结算课程中,国际结算模拟实验可以为学生提供处理各种国际结算业务的训练和实践,包括国际结算基本业务(信用证、托收、汇款和保函)、国际结算相关业务(提货担保、贸易融资、外汇买卖、资金业务等)。实验的软件平台以国际结算业务处理为核心,集成了业务管理、客户信息管理、柜员权限管理、交易控制、自动账务处理、自动SWIFT电文收发和自动清算资金等几大功能,使结算、SWIFT报文与资金清算无缝连接,充分体现业务直通式处理的优越性。通过模拟实验,不仅将学生从枯燥的理论学习中解脱出来,加深学生对理论知识和国际银行具体业务的了解,使业务处理达到高效率、高质量和规范化,提升学生的综合素质和工作能力,同时也为学生今后处理国际结算方面的实际业务打下良好的基础。

在国际货物运输与保险课程中,货运代理模拟实训从货运代理行业的实际情况出发,通过软件平台可为学生提供多种典型的货运流程,并让学生在各类货运流程中扮演多种角色,包括托运人、收货人、进出口货代、进出口船代、船公司、商检局、海关等。在货运代理实训课程中,角色的扮演以及角色间单据制作、递交、审核、签约等一系列步骤的训练,有助于学生理清角色职能,了解角色工作内容,同时使学生体验到真实货代工作的全过程。课程实训的设置,既能充分激发学生的学习兴趣,又有助于学生相关业务能力的培养。

在 SPSS 经济统计分析课程中,采用 SPSS 社会科学统计软件包,结合经济案例介绍 SPSS 功能,遵循"数据准备、统计分析和结果分析"三部曲,训练学生进行描述性统计、交叉表分析、简单的方差分析、回归分析、相关分析、统计图的生成等,提升其经济统计分析能力。

在证券投资分析课程中,采用"同花顺"等证券投资分析软件,对中国 A 股及国外主要证券交易所的多种金融产品实时行情、相关资讯及走势规律加以分析并进行实时模拟交易,锻炼学生运用 K 线理论、趋势理论和形态理论等对证券市场工具进行分析和预判,做到学以致用。

另外,包括南京中医药大学在内的国内多所高校近年来积极组织学生参加 POCIB 外贸综合实训,该实训以仿真的在线国际贸易游戏为核心方式,旨在提升外贸新人专业能力的培训课程。课程着重培养和反映学员的跟单能力、业务能力和自我学习能力,对应了外贸企业中单证员、跟单员、业务助理、业务员等相关岗位的技能和知识需求,为学生今后从事外贸实际业务打好基础。

二、专业实习与毕业实习

实习是高校实践教学不可缺少的重要一环,对国际经济与贸易专业学生专业知识的巩固和运用发挥不可替代的作用。通过专业实习与毕业实习,学生可熟悉国际贸易业务涉及的相关企业和机构,了解相关组织结构及其职能,明确国际货物买卖业务的具体流程、国际贸易有关合同的履行及其单证的使用、合同争议的解决与法律适用等问题,从而增强学生从事国际贸易实际业务的动手能力和操作能力,将课堂上所学的理论知识与专业实践相结合,理论运用于实践,为将来从事国际贸易管理与服务工作打下坚实的基础。

1. 专业实习

专业实习(又称学年实习)是学生在完成基础理论、基本专业知识等课程的学习之后,进行实践学习和对即将从事的国际贸易专业工作进行综合、全面认识的环节。

对于国际经济与贸易专业的学生来说，专业实习是旨在完成一定实务操作的教学环节，是学生在教师的组织和指导下，根据职业定向，在校内实习场所或校外有关企业与机构等真实工作环境中，通过参观或从事实际工作，获得有关实际知识和技能，培养独立工作能力和职业素质的过程。校外实习企业与机构主要包括各类进出口贸易公司、具有涉外业务的生产企业和商业企业、集装箱运输公司、外轮代理公司、货运代理公司、物流公司、海关、进出口商品检验局、有进出口业务的银行、保险公司等。通过专业实习，可以检验学生理论知识和实务知识掌握的程度，培养学生分析问题和解决问题的能力，同时专业实习也是教师检验教学效果、提高教学质量的有效手段。对于在实习过程中暴露出的专业知识和技能的不足，学生可在大四学年通过一些针对性的教学环节来予以弥补。

2. 毕业实习

毕业实习作为学生毕业前的最后一个实践环节，是高等院校本科人才培养的必经阶段，是学生巩固和深化所学理论知识，培养创新与创业意识，进行基本技能训练的关键环节，同时也是检验人才培养目标正确与否以及人才培养质量高低的一个重要尺度。在毕业实习中，要求学生将自己在大学近四年中所学的知识应用于实践，检验自己的实际动手能力和操作能力，在实践中发现问题、分析问题、解决问题，不断提高适应社会的能力，同时为毕业论文和以后从事相关工作打下坚实基础。因此，毕业实习的主要目的有三个方面：其一，在实践中印证与巩固学生已有专业知识与工作技能；其二，为学生的毕业论文（或设计）做好准备；其三，为学生今后的实际工作奠定基础。

对于国际经济与贸易专业的学生来说，毕业实习要求学生结合所学的理论知识，熟悉实习单位和实习岗位的实践活动，了解实习单位基本概况、组织机构、生产经营能力、管理水平、经营业绩与存在的问题；了解其主要业务的基本工作程序和工作方法以及有关规定；了解国际货物买卖合同的形成过程；了解各类承运人业务的内容和服务模式；了解进出口贸易主要单证的流程；了解国际贸易惯例与法规的应用。接受相关岗位的基础技能训练，并协助实习单位做一些辅助性工作。学生所在实习部门和岗位不同，对应实习工作涉及的重点亦有所不同。

三、社会实践

大学生社会实践是学生有组织(社会或学校)参与的、具有一定规模和影响、持续一段时间且较为集中的一种集体性活动。随着我国市场经济的日益完善,社会对大学生的从业素质提出了新的要求,尤其是要求大学生具有较强的社会实践能力。社会实践能力不但是学生顺利就业的砝码,也是全面推进素质教育的客观要求。因此,社会实践越来越受到高校的重视,成为当前高校教学与管理的重要环节。同样,对于国际经济与贸易专业来说,社会实践也是重要的实践教学环节。社会实践的开展为学生了解社会、适应社会以及理论付诸实践提供了良好的机会,促使学生将理论与实际、学校与社会、课内知识与课外知识有机结合起来,同时也有利于培养学生的积极性、主动性和创新意识。

为进一步推动学生"创新教育、实践教育"向纵深发展,目前各高校积极引导和鼓励学生参与各种形式的社会实践,包括学术实践类(如社会调查、学术研讨、科技发明、创新创业)、学生社团类(如勤工助学、文体活动)、志愿服务类(如志愿者活动、公益活动)等多种。学术实践类一般由专业教师指导,或由学生自发组织,运用专业知识来认知社会、服务社会,参与实践。学生社团是大学开展第二课堂的主要构成部分,是校园文化的重要媒介,是拓展素质训练的重要平台。志愿服务是学生走出校园、自愿贡献和回报社会的一种活动,如支教活动、志愿环保宣传等。

四、学年论文和毕业论文

学年论文和毕业论文是培养学生综合运用本学科专业知识和技能,提高分析和解决实际问题能力的重要教学环节。

1. 学年论文

学年论文是高等本科院校要求学生每学年完成的一种学术论文,是一种初级形态的学术论文。其目的在于使学生初步学会运用所学专业知识进行科学研究,逐步培养学生的科研能力,为毕业前写毕业论文打好基础。

学年论文的撰写,需要学生根据对现实的观察及对既有文献的理解与提炼,界定研究内容,并综合运用逻辑分析、论证推理、归纳演绎等各种方法加以完成。这不仅有助于锻炼和提高学生的自主学习、探究思考以及论文撰写能力,同时亦能提升学生创新能力。因此,学年论文是高等院校为本科学生设置的一项重要的实践教学环节。

2. 毕业论文

毕业论文是高等院校毕业生按照教学计划在毕业前独立完成的一篇有一定学术价值的论文,应充分体现学术性和实践性。学生应遵守学术道德和学术规范,综合运用所学专业知识,可采取学术论文、案例分析、调研报告和创业方案设计等形式,在教师的指导下撰写毕业论文。它是大学本科教育必经的学习阶段,是学生从事科学研究的初步尝试,也是完成本科学业的标志性作业。每位本科学生必须参加毕业论文的教学环节,认真撰写毕业论文,成绩合格,方能毕业。

毕业论文的主要目的在于总结学生在校期间的学习成果,培养学生综合地、创造性地运用所学知识和技能解决较为复杂问题的能力,并使学生受到科学研究工作各个环节的实际锻炼,具有从事科学研究工作或设计工作的初步能力。因此,撰写毕业论文对于本科学生而言,既是对现有知识和能力的一次全面检阅,也是对从事科学研究基本能力的一次初步训练;既能够考查学生对所学相关知识和技能技巧的综合运用,反映本科阶段的学习质量,也能够训练培养学生的创造性思维,培养综合运用所学知识独立分析和解决问题的能力。

一般而言,学生要撰写一篇优秀的毕业论文,首先必须确定一个好的选题。毕业论文的选题既要结合专业,发挥专业优势和特长,又要紧密结合我国社会经济发展的实际,具有一定的理论意义和实际价值。此外,选题也可以结合学科专业领域内某些学术问题进行探讨。学生可以结合专业学习特点,运用所学知识,选择一个合适的题目来撰写毕业论文。论文选题时,应首先弄清课题、论题、题目三个基本概念。其次,围绕选题制定合理的研究方案,为论文撰写构建研究框架。最后,根据研究方案与框架,展开调查,全面地收集数据和资料,并运用相关理论和研究方法,深入分析、充分论证,提出有一定创新的观点。毕业论文撰写是一种创造性的活动,是整个教学过程中重要的实践性教学环节。

思考题

1. 在国际经济与贸易专业的所有专业课程中,你认为哪一门或哪几门课程对于专业学习较为重要?请谈一谈个人想法。

2. 不同类型的高校应如何通过专业课程设置突显自身国际经济与贸易专业的优势和特色?

3. 国际经济与贸易专业毕业生撰写毕业论文的意义有哪些?如何才能完成一篇优秀的毕业论文?

第五章 国际经济与贸易专业教学安排与学习方法

 **内容提要**

本章首先介绍国际经济与贸易专业的教学安排,并对其课程按通识课、专业基础课、专业课和实践教学四大模块进行分类和说明。其次,对国际经济与贸易专业的理论和教学环节的设置与内容进行深入介绍,最后针对性地提出该专业学生课程学习方法的建议。

第一节 国际经济与贸易专业教学安排

国际经济与贸易专业的教学安排必须紧密结合专业培养目标和培养要求,结合社会对人才的需求及变化趋势。国际经济与贸易专业的学生应具备良好的思想品质,自觉遵守职业道德和法律法规,掌握马克思主义经济学基本原理和现代西方经济学基本理论，熟悉国际贸易基本流程及适用的法律与惯例，正确认识和把握当代国际经济、贸易的运行机制和发展规律，熟练使用一门国际通用的语言，熟练运用现代信息技术从事日常事务和涉外经济工作，具有广泛的知识面，对人文社会科学有广泛涉猎，具有良好的沟通交流能力、应变应对能力、协调能力和创新能力，具备创业精神，具备优良的素质结构、能力结构和知识结构。特别要指出的是，对于具有专业特色的院校，其国际经济与贸易专业的学生还应具备相关专业领域的知识和素养，以便在相关专业领域更好地发挥作用。如医药类高校的国际经济与贸易专业可强化学生医学和药学类基本专业素质的培养，在教学安排上充分体现其专业特色和人才培养特色，打造复合型人才，提升人才培养的竞争力。

根据课程目的和性质，国际经济与贸易专业的课程模块一般可包括通识课模块、专业基础课模块、专业课模块、实践教学模块。课程模块化的设计有助于提高本专业学生的就业竞争力、职业能力以及综合能力。各模块包含课程以及教学安排如下。

一、通识课模块

通识课也称公共课，包括通识教育必修课模块和通识教育选修课模块。主要是通过学生对这些通识教育课程的学习和训练形成基础能力素质，为后续课程的学习打下坚实基础。通识教育是指一种广泛的、非专业性的、非功利性的各领域基本知识和技能的教育，与素质教育有着一脉相承的内在联系。通识课程面对全校各专业开设，学时数占到总学时数的30%～40%。

通识教育必修课模块通常包括思想道德修养与法律基础、马克思主义基本原理、毛泽东思想和中国特色社会主义理论体系概论、中国近现代史、当代世界政治与经济、军事理论、体育、大学英语、计算机基础等。这是各专业都要开设的课程，通常安排在第一学年和第二学年的第一学期授课。

通识教育选修课模块主要是面向全校学生开设的跨学科课程，通常包括自然科学技术类、人文社会科学类、文化素质类通识课程和任意选修课等，可分为限选课和任选课两类。要注意的是，通识教育选修课可不依赖其他模块课程，与其他模块课程同时选修，这些模块的开设不必考虑先后顺序，学生可根据自身学习计划在四年里任意选修。另外，某些通识限选课和通识任选课会以一些专业基础课为基础,学生在自行选修和安排课程时需明确各门课程之间的逻辑关联,注意先修基础课再选通识课。通识限选课可根据需要及先修课程时间在第一学年到第四学年开设。

二、专业基础课模块

专业基础课也属于通识教育课程,与国际经济与贸易专业的专业理论、技能和实践紧密联系。通过这些课程的学习,国际经济与贸易专业的学生可以把握专业基本知识,形成专业基础能力,从而为更深入的专业性课程学习打下扎实基础。专业基础课是专业必修课的基础和先修课程,一般先于专业必修课和专业限选课之前开设。专业基础课课程学时数占总学时数的30%~40%,通常安排在第二学年和第三学年学习。

专业基础课程一般不涉及具体的实际操作与应用,但具有一定的理论深度。该类课程的特点是覆盖面较宽,又具备一定的知识广度,与其他经济学类专业共享同一个学科基础课程平台。该模块通常包括工具类课程、经济学原理类课程和经济运行与管理类课程。工具类课程主要包括经济数学、会计学、统计学、计量经济学等课程;经济学原理类课程包括微观经济学、宏观经济学、政治经济学和国际经济学等课程;经济运行与管理类课程包括货币银行学、财政与税收、管理学、金融学和合同法等课程。

专业基础课也可分为必修课和选修课。必修课是学生获得某一专业知识必须修读的课程,必须达到一定学分要求。比如政治经济学、微观经济学、宏观经济学、会计学、统计学、财政学、金融学、计量经济学、国际经济学、管理学等课程构成了经济学类各专业不可被替代的共同主干,是经济学类各专业的核心课程,这些课程共同奠定了宽厚的经济学知识基础,因此一般都为必修课。选修课程指相对必修课程而言允许学生在一定范围内根据自身需要自由选择的课程。选修课是为了适应学生兴趣爱好和劳动就业需要而开设的,这类课程主要用来扩大和加深学生的科学理论或运用知识,发展学生在某一方面的兴趣与专长,传授科学方法。

三、专业课模块

专业课模块主要培养国际经济与贸易专业学生的专业基本理论和专业技能素养。一般来说,国际经济与贸易专业学生的专业能力和专长主要来自他们所学习的专业课程。学生通过学习,掌握了专业课程,才有可能胜任与国际经济与贸易专业相关的技术工作。专业课主要集中在大学本科第二学年至第四学年内完成。通过这一阶段的学习和训练,学生可以形成较为扎实的专业理论素养和专业操作技能,并为创新能力的培养奠定基础。

专业课模块主要包括专业必修课模块和专业选修课模块两大模块。专业必修课和专业选修课之间并无必然的前后关系,两者可交叉开设。课程学时数一般占到总学时数的20%~30%,通常安排在第三学年和第四学年学习。

专业必修课模块通常包括国际贸易理论、国际金融、国际经济法、市场调查与预测、国际贸易实务(进出口单证与报关实务)、国际货物运输与保险、国际商务谈判、外贸函电、国际结算等。

专业限选课模块通常包括世界市场行情、国际服务贸易、国际技术贸易、国际经济统计、国际税收、国际金融实务、证券市场与证券投资、保险学、国际市场营销、国际工商管理、人力资源管理、经济学说史、新制度经济学、当代西方经济学流派、发展经济学、电子商务、高级英语专业文章选读、经贸专题讲座等。

值得一提的是,我国部分高校为打造人才培养特色,基于自身学科优势和社会对国际经济与贸易专业人才培养的需求,开设了一些具有本校学科优势和特色的课程,或在相关专业课程中增加了具有特色的内容。如南京中医药大学、中国药科大学等医药类院校就在其国际经济与贸易专业的专业课程模块中增加了医药市场营销、医药国际贸易和药事法规等课程,体现其人才培养中的专业特色和优势,以满足特定行业对复合型国际贸易人才的具体需求。

四、实践教学模块

实践教学模块通过设置实践环节的学习和训练,强化学生的专业意识、感性知识和业务经验,培养广大学生的创新意识,激发学生积极性和主动性,使学生的理论学习有付诸实践的机会,从而形成较强的职业适应能力和创新能力,全面提升国际经济与贸易专业人才的综合素质。这一阶段的学习与训练通常在大学本科学习的第一学年至第四学年内完成,贯穿于整个专业基本理论和专业技能学习和训练的全过程,形成了独立的教学环节和特殊的教学方式。实践教学环节学时数一般不超过总学时数的10%。

实践教学模块通常包括军事训练、社会调查、专业实习、毕业实习、学年论文和毕业论文及各种形式的社会实践活动等。其中,专业实习与毕业实习是国际经济与贸易专业十分重要的实践教学环节,通过这两种实习,学生可熟悉国际贸易业务涉及的相关企业和机构,了解相关组织结构及其职能,掌握国际货物买卖业务流程、国际贸易合同履行及其单证使用、合同争议的解决与法律适用,增强从事国际贸易业务的实践操作和专业技能,为将来实际从事国际贸易管理与业务工作打好基础。毕业论文则是培养学生综合运用本学科专业知识和技能,提高分析和解决实际问题能力的重要教学环节。毕业论文作为毕业生独立完成的一篇有一定学术价值的论文,是学生完成本科学业的标志性作业以及从事科学研究的初步尝试,是对学生学习成果的综合性总结和检阅,也是检验学生掌握知识程度、分析问题和解决问题基本能力的一份综合答卷。

第二节 国际经济与贸易专业教学环节

一、理论教学环节

理论课以课堂授课为主,通过课堂讨论、授课中间的提问、作业等教学形式,辅以案例教学,激发学生学习兴趣,提高教学效果。在授课中,结合各类课程教学安排的特点,应在传统教学手段基础上,不断创新教学方法。

(一)课堂讲授

在众多教学方法中课堂讲授法是最基本的教学方法,具有不可替代的优势。课堂讲授是教师在教学过程中通过口头语言,向学生传递信息、思想、知识、观念和指导学生进行智力活动与操作活动的方法。它用于向学生描绘情境、叙述事实、解释观念、论据原理和阐明规律。一般来说,课堂讲授法可用于介绍新知识学习前的背景知识;讲解学生解决不了的难点;提示学生注意容易忽略的基本原理、概念和定义;帮助学生辨别容易混淆的知识点;点拨、归纳、总结和概括所学的知识体系等。它的基本形式包括讲述式、讲解式及讲演式等。这种方法能充分发挥教师主导作用,适合班级教学,主要用于传授系统性的知识和技能。但课堂讲授法缺少体验感,较其他教学法而言难以激发学生的积极性和主动性。教师在讲授时,大都是面向全体学生,很难顾及学生个体差异,做到因材施教。

随着科技发展,投影仪、多媒体教学设备和网络设备等现代教学手段不断更新,为了提高教学效果,教师应不断探索新教学手段在课堂教学中的应用,学校教务部门也鼓励教师运用多媒体技术来辅助教学。

在传统课堂讲授基础上,目前多媒体技术已在教学中得到广泛应用。教师可以在教学过程中综合应用投影、视频、图片和动画等现代教学媒体进行课堂讲授。通过这些现代化教育技术手段的应用,一些抽象难懂和复杂晦涩的知识变得直观易懂、生动形象,大大提升了教学效果,培养了学生理论联系实际的能力。同时教师可以节约板书时间,增加课堂教学信息量,使讲课内容更加充实生动,以激发学生学习兴趣。以国际贸易实务课程为例,教师可借助多种教学媒体,将复杂的实务操作流程、支付方式使用流程等固定的知识点用形象生动、简洁明了的图形和动画等形式表示出来,帮助学生更好地理解、记忆和掌握。

(二) 讨论式教学

讨论式教学法在国内外较为盛行,在教学法体系中占有重要的地位,是国际经济与贸易专业课堂讲授的有益补充。讨论式教学强调在教师的精心准备和指导下,为实现一定的教学目标,通过预先设计与组织,启发学生就特定问题发表自己的见解,以培养学生独立思考能力和创新精神。讨论式教学大致包括设计问题、提供资料、启发思路、得出结论等几个环节。

利用讨论式教学,教师与学生课堂角色重新定位。教师从传统的"满堂灌"转向双向互动式教学,学生从传统的被动接受转向主动参与学习。教师作为课堂的"导演",对学生的思维加以引导和启发,学生则在教师指导下进行有意识的思维探索活动。在讨论式教学中,学生的学习始终处于"问题—思考—探索—解答"的积极状态。由于看问题的方法不同,学生会从各个角度、各个侧面去理解基本概念的内涵和基本规律的实质,并就这些不同观点、看法展开讨论,从而形成强烈的外部刺激,激发学生产生自主性、探索性和协同性的学习,提高课堂参与的积极性。讨论式教学方法充分体现了"教师为主导,学生为主体"这一教学理念。例如,在讲授统计学的统计调查时,可以根据所讲授知识,让学生实际参与并设计与自身密切关联的某个社会经济现象的调查问卷,通过分组讨论确定调查项目,设计调查表,开展调查分析,完成调查报告,并在课堂上进行讨论,最终达到使学生扎实掌握统计调查相关理论知识和实践技能的教学目的。

(三)互动式教学

国际经济与贸易专业的学生必须具备较好的观察和分析社会经济现象的能力。因此在教学中,教师需要从学生的实际能力出发,采用各种有效方法,引导学生发现问题、解决问题,采用师生互动、同学互动等方式鼓励学生主动探究、创新实践,从而激发学生学习积极性和创造性,提高教学效果。

具体操作包括:① 教师课前针对教学目的、教学难点和重点,提炼互动问题或精选互动学习案例;② 教学过程中逐步提出问题或演示解说案例,学生根据要求相互争论,也可与老师沟通交流讨论,互动讨论中要设置悬念,抓住重点深入分析;③ 在师生共同努力下将讨论结果上升为理论知识。为提高互动式教学方法的教学效果,也提倡教师把现有定论和解决问题的经验方法提供给学生,让学生根据自身知识结构指出优劣,并提出改进方案。教师也可对学生进行分组,设置正反两方,在争论中寻找最优答案。互动式教学总体上直观具体,生动形象,环环相扣,气氛活跃,能达到强化所学内容、开阔学生思路以及培养专业创造性的目的。

(四)案例式教学

案例教学起源于"哈佛大学"的情景案例教学课,是国际经济与贸易专业常用并且备受欢迎的教学方法。案例式教学可以通过具体情境,将隐性知识显性化,促进隐性知识向显性知识不断转化。案例教学的过程就是利用适时、适度的提问引出案例，组织学生思考、讨论、自我总结，最后再由教师讲评、总结，最终完成教学目的的过程。案例式教学对教师有较高要求，教师必须在课前认真选择和准备最适宜的案例，预设各种可能的答案，并做好回答，确保实现对整个教学过程的掌控和应变。

在传统的课堂教学中，引入适量典型案例，借助案例启发学生、引导学生、调动学生，可以有效提高学生学习兴趣。教师通过精心选择与该专业相关的教学案例，给学生真实、完整的知识应用背景，将案例引入课堂，并对典型案例进行全方位剖析，以促进学生对理论知识以及抽象概念的理解，更好地掌握相关课程的研究方法和手段。案例分析与探讨对学生来说也是一种特殊的实践形式，不仅能激发学生主动思考，发现问题、思考问题、解决问题，加深对知识点的理解和记忆，还能为学生积累实践经验与技巧提供快捷途径。

（五）实物教学法

许多国际经济与贸易专业的课程都涉及繁杂的操作流程和单据处理，因此实物教学也成为国贸专业常用的教学方法。运用实物教学可以使学生对书本知识和操作流程等建立感性认识，从而达到良好的教学效果。如国际结算课程中涉及很多票据、单证等，在教学中如果仅依赖教科书和课堂讲解，学生会感到抽象，印象不深。因此在介绍这部分内容时，教师可以向学生展示银行或外贸公司在结算中常用的汇票、本票、信用证等单据的原件或复印件，以加强学生直观的感知和理解。

二、实践教学环节

（一）课程实验教学

实践性较强的课程可以借助软件系统，开设实验课程，进行模拟仿真实训，为学生搭建一座贯通理论与实践的"桥梁"，使学生能够学用结合、学以致用，提高动手能力及分析解决问题的能力，增强专业学习兴趣。以国际贸易实务课程为例，教师在教学过程中运用实务操作软件，让学生在软件系统提供的虚拟仿真平台上，扮演工厂、进口商、出口商、进出口地银行等不同角色，多角度地开展进出口贸易的模拟操作。通过仿真环境下反复的业务操作,学生能熟练地掌握进出口交易流程、合同条款的拟定方法与技巧,以及各类外贸单据、信用证的制作方法。

(二) 毕业实习

毕业实习是国际经济与贸易专业必不可少的专业实践,也是培养学生理论应用于实践的重要教学环节。通过实习,学生可以深入国际贸易实践第一线,直观和感性地了解国际贸易相关的企业和机构,明确这些组织机构的运作状况,亲身参与到国际贸易实际业务中去,掌握各类单证的缮制、合同签订与履行、贸易争议解决与法律适用等,为胜任将来的国际贸易业务工作打牢基础。

毕业实习是学生毕业前的最后一个实践环节,要求学生将大学四年中所学的知识应用于实践,以检验和提升自身的实践操作与专业技能。在充分掌握国际贸易理论知识的基础上,学生通过在各类外贸公司、海运公司、货运代理公司以及商检部门等地实习,可以熟悉外贸实务所涉及的具体企业、机构和部门,了解国际贸易实务的具体操作流程,进一步巩固、深化已经学过的理论和方法,提高发现问题以及实际解决问题的能力。在具体实习过程中,学生还可以亲身体验成本核算、询盘、发盘与还盘等各项实务操作,掌握各类工作的基本技能和方法,深入了解诸如机电、服装、医药等具体行业的外贸活动与流程,体会到贸易中不同当事人及其具体工作之间的互动关系,参与公司战略制定和市场运作,积累一定实践经验。专业实习结束之后,学生需要认真完成并提交专业实习报告。

(三) 毕业论文

毕业论文是高等院校毕业生独立完成的一篇体系完整的学术论文,是本科教育必不可少的学习阶段及对学习效果的综合评价。同时,毕业论文也是学生在教师指导下从事科学研究的初步尝试,有助于检验学生掌握知识的程度及分析问题和解决问题基本能力。

学生撰写毕业论文的目的主要有两个:一是对学生知识和能力进行全面考核。撰写毕业论文是学生对专业知识和技能的综合运用,不仅能真实反映本科阶段的学习质量,还集中体现了学生的创新才能和专业水平,是对学生整体专业素质的一次综合考核。一般而言,学生要撰写一篇优秀的毕业论文,必须先确定好符合专业培养目标的选题,制定合理的研究方案,开展深入的调查研究,全面收集数据和资料,并运用相关理论和研究方法进行深入分析和充分论证,提出有一定创新性的观点。二是训练学生的科学研究基本功。撰写毕业论文属于学术研究范畴,是对理论问题及其实践意义的探究,以及学生创造性思维的训练。毕业论文写作是学生初步学习开展科学研究和撰写专业论文的过程,有助于培养学生综合运用所学知识独立分析和解决问题的能力,为后续学习和未来研究打下坚实基础。毕业论文写作一般安排在大学四年级的第二学期,学生在老师指导下独立完成毕业论文并通过论文答辩,方能取得成绩。

(四) 社会实践

社会实践也是国际经济与贸易专业重要的实践教学环节。为了帮助学生尽快了解社会,培养创新意识,激发学习主动性,各高校积极引导和鼓励大学生参与各种形式的社会实践。

学校将基础强化训练作为社会实践的内容,安排在一、二年级的假期进行。一般由学校提供一些具有较强的理论和现实意义的选题,学生在调研基础上撰写调查报告。学生所提交的报告应密切联系当前社会经济现实,反映企业或地区经济的发展现状、特征以及对外经济发展中存在的问题,并运用所学理论和方法分析问题原因,提出有针对性的改进措施和建议。基础强化训练这一环节可以巩固和深化课程知识,培养学生综合运用问卷调查方法,将理论知识应用于校外具体实践的能力,有助于学生广泛接触社会、全面了解专业问题,为后续课程学习奠定基础。

除上述实践教学环节外,学术创新活动以及与专业相关的学生课外活动也是大学中实践教学的有益补充和深化。为了培养大学生的创新意识和创业能力,引导大学生崇尚科学、追求真知,激发科技创业、实践成才的热情,国家、地方和各高校都开展了一系列创新、创业活动,如"挑战杯"竞赛、"科创杯"竞赛、大学生创新创业训练计划、商务谈判大赛、外贸从业能力大赛等。部分竞赛还要求不同学科背景的学生组成优势互补的竞赛团队,完成一份有创新意义、系统完整、具体可行的创业计划,这对学生实践和创新能力的培养具有积极作用。

第三节　课程学习方法

国际经济与贸易专业设置的课程种类较多,各门课程由于特点和教学目标不同,其学习方法也各有特点。学生应把握好各门课程的教学特点和目标要求,掌握学习的基本方法,做到学习目标明确,学习过程有规划,学习方法高效率,多途径多渠道学习。在具体学习过程中需要注意以下几个方面。

一、扎实学习相关课程

大学阶段,很多课程之间有密切联系,如一些课程是另一些课程的先修课程,必须先学好这些先修课程才能顺利完成后续课程的学习。

以国际贸易理论课程为例,该课程专业性较强,需要多方面的知识准备。作为经济学的一个重要分支,国际贸易理论是研究商品和服务跨国界流动条件下资源有效配置及其福利效应的科学。对这门课程的理解需要具备两个方面的理论背景:一是西方经济学或经济学的基本理论。国际贸易的理论和政策都是在经济学基本理论基础上发展起来的,没有前期西方经济学的扎实基础,就很难理解国际贸易学的基本理论。二是福利经济学。国际贸易理论分析的重要依据是经济福利变动,如果一个经济政策在增进某一方经济福利的同时,没有造成其他方面福利损失,就可以断定该政策是有利的。因此,学好国际贸易理论一定要有扎实的西方经济学和福利经济学知识基础。

国际经济与贸易专业基础课和专业课程对学生综合素质要求很高,如对英语、高等数学、西方经济学和统计软件——SPSS 和 EVIEWS 软件等的运用都有一定要求。因此,国际经济与贸易专业学生在学习过程中要勤学苦练,提高自己的综合素质。以计量经济学为例,计量经济模型的主要原理、术语均来自西方,软件的使用都采用英文界面,对英语要求较高。同时,计量经济学是数学、统计学和经济学三者的结合,因此数学基础知识、统计学思维和微宏观经济学基础理论是学好该门课程的重要基础。

二、科学规划学习过程

在学习每门课程之前,认真查阅该课程的教学大纲,明确课程的宗旨、特点、要求、内容提要及考核重点,做到有目的、有计划地学习,以收到良好的学习效果。

具体学习过程中,需要根据教学大纲,主动利用图书馆各种资源,课前了解相关背景和基础知识,阅读老师要求的参考书目并做好读书笔记,保证在课前对授课内容有较为详细的了解,带着问题进行课堂学习。在上课过程中应认真听讲,紧跟老师的教学节奏,并积极参与到课堂教学中来,包括积极思考、认真回答问题、主动参与课堂讨论等。课堂教学结束后,应根据自身学习和理解情况及时整理完善笔记,做适当练习题,阅读相关书籍文献,以促进课堂知识的消化、吸收。如果遇到不能解决的问题,及时与老师沟通,寻求解答。

目前很多高校的教务系统都构建了网络学习平台,学生在课程学习过程中应积极运用这些平台,利用好平台上提供的学习资料,与老师和同学交流学习心得,同时提出问题,讨论与课程相关的学科热点问题,提升课堂学习效果以及专业素养。

三、积极参与课堂讨论

课堂讨论有利于增加学习参与度和积极性。学生在课堂讨论前需做好相关资料数据的准备,可以借助学校图书馆的纸质和电子资源,检索和查询相关资料。课堂讨论过程中,应积极参与,发表看法、认真记录和思考,课后需及时总结,撰写讨论报告。课堂讨论中各种观点的碰撞有助于进一步提高学生独立思考和解决问题的能力,提高授课效果。资料准备、相互研讨及报告撰写的过程也有助于学生增加课外阅读量,拓展课堂学习的深度和广度。

四、认真对待课程作业

大学课程的每节课通常信息量大、学习任务重，因此，学生需要通过课后适量练习来巩固课程所学的知识和内容。对于课后作业，学生应在充分熟悉和理解书本知识的基础上，广泛搜集资料和信息，开展拓展阅读。同时积极使用计量软件等研究工具对资料加以分析，并应用专业知识、结合实际问题对研究结果进行解释。适量的练习题，特别是案例分析题、开放式思考题以及计算题等将有助于学生加深对理论知识的理解与掌握。

此外，国际经济与贸易专业的很多课程逻辑体系严密，概念理论抽象难懂，如西方经济学、国际金融、计量经济学等，这些课程光靠机械地记忆是不行的，必须重在培养自身逻辑思维能力。在学习这类课程时，学生首先要明确有关概念，理解和厘清其内在逻辑关系与体系，在掌握各关键变量内涵、外延以及内在联系的基础上，再进一步思考和把握各变量间的作用机制，用于判断和分析实际问题。

五、利用各种渠道完善自身知识结构

学生应利用好高校图书馆馆藏资源和各类电子资源，有条件的可办理高校通用借书证，借助其他高校资源，广泛阅读经济管理类专业图书，重视经典著作的学习，不断改善自身知识结构。积极参加各种形式的专业讲座、专家学者论坛，旁听本校和外校的有关课程等，拓展自己的专业视野。同时，注重自身分析观察能力、理论联系实际能力的培养，不断提高专业素养。此外，树立全局思维也至关重要，特别是理解一个理论体系或政策问题时常常需要站在特定视角，学会换位思考，去理解、分析和评价不同观点，以吸收各类理论的合理内核。

六、课堂学习与能力培养紧密结合

国际经济与贸易专业由于其专业的特殊性和培养目标要求，学生在学习过程中应自觉将课堂学习与职业能力培养紧密结合。

（一）将课堂教学与模拟实验相结合

基于部分专业课程的内容和特点,学生应将课堂学习的基础知识、基本原理综合运用到实验室软件的模拟操作上。以国际结算课程学习为例,学生在教师指导下可以结合课程内容进行丰富多样的模拟操作,尝试以贸易商或银行身份,体会不同角色在结算流程中的关系和业务操作,深入了解国际结算业务的运作方式,以达到"干中学"(learning by doing)的目的。对于实践性较强的课程,学生应重视自身实践操作能力与专业综合技能的培养,借助实验教学提供的开放、互动的模拟操作平台,开展"试错—反思—总结"的验证式学习,提升独立思考、自主探究以及创新实践的能力。

（二）将课程教学和相关资质证书相结合

作为国际贸易专业的学生,不仅要按照本专业的教学计划学习校内安排的各门课程,还要主动构建自身的知识体系,规划好自己的职业生涯。如果希望在毕业后顺利胜任国际贸易相关的各类业务工作,仅仅满足于在校期间的课内学习是不够的。目前国内外有各类与国际贸易相关的专业资质证书,学生可以根据自身能力和需要,将在校课程学习和获取相关资质证书结合起来,选择合理的时间取得报关员、报检员、国际商务单证员、国际货运代理员、外贸跟单员等资质证书,打造自身职业竞争力。

思考题

1. 请根据自身实际制定一个国际经济与贸易专业的课程学习计划与方案。

2. 结合本校国际经济与贸易专业的教学安排特点,谈谈你的认识和想法。

第六章 毕业就业及继续教育

 内容提要

国际经济与贸易专业适应时代的发展,改革开放以来,随着我国外向型经济的不断发展,外贸业务量迅速增加,各类应用型外贸专业人才供不应求的状况已初见端倪,这为国贸毕业生的就业提供了契机,同时也提出了毕业要求。国贸毕业生必须在毕业时掌握一定的知识与技能,才能胜任工作。目前,国内很多工作都需要资格证书,这些证书成了进入行业的敲门砖。为了毕业后能找到理想的工作,在校期间,国贸生可针对自己的兴趣,考一些针对性的证书,为将来的求职做准备。当然,国贸毕业生也可选择继续深造,获取更多的知识与技能。

本章从国际经济与贸易专业的毕业要求出发,找出国贸专业的对口及拓展工作方向,旨在明确国贸生的求职方向。然后给出在校期间国贸生可参加的资证考试,为求职打下基础。最后一节探讨了国贸生的继续教育,主要分为考研及出国深造两部分。

第一节　毕业要求

国际经济与贸易专业要求学生较系统、全面、扎实地掌握该专业的基础知识,逐渐建立以国际经济与贸易专业知识为核心,以现代财经类和公共管理类相关知识为辅助的较完善的知识体系。主要学习经济学基本原理,国际经济、国际贸易、国际金融等学科的基本理论和基础知识,接受进出口业务、国际结算、商务交流等方面的基本训练,具备从事进出口业务、国际货物运输、国际市场开发等方面业务的基本能力。

因此,国际经济与贸易专业毕业生应具备以下几个方面的知识和能力:

① 掌握经济学和国际贸易学的理论和方法,具备从事国际贸易实务的能力;

② 掌握国际货物运输方面知识,具备从事货代、报关业务的能力;

③ 具有一定的国际市场知识,具备从事国际市场开发的基础;

④ 具有一定的公共管理知识,具备从事公共管理工作的能力;

⑤ 具有一定的统计学、会计学知识,具备运用这些学科方法进行分析和研究的能力;

⑥ 具备较好的外语能力,尤其注重提高口语能力;

⑦ 具备一定的现代信息技术应用能力,能较熟练利用现代化信息工具从事涉外经济工作;

⑧ 具有较强的自学能力、分析和解决问题能力和初步的研究创新能力。

具体而言,对于国际经济与贸易专业毕业生,应满足三方面的要求,即素质结构要求、能力结构要求、知识结构要求。

一、素质结构要求

在社会上,素质一般定义为:一个人文化水平的高低;身体的健康程度;以及家族遗传于自己惯性思维能力和对事物的洞察能力,管理能力和智商、情商层次高低以及与职业技能所达级别的综合体现。对于国际经济与贸易专业的毕业生,也需具备一些基本的素质,以提升自己的综合实力。

(一) 思想素质

拥护中国共产党的领导,热爱祖国,拥护党的路线、方针、政策,时刻关注国内外动向;树立辩证唯物主义和历史唯物主义的世界观;具备为祖国和人类发展奉献自己力量的意识和精神,以及良好的道德和健全的法制意识。

(二) 专业素质

掌握扎实的经济学基础理论和基本方法,系统掌握本专业所需的国际经济与贸易的基本理论和业务技能,熟悉国际贸易的流程与操作规范,了解国际经济贸易的发展现状与趋势。

(三) 科学文化素质

有正确的社会历史观和人生价值观;具有较好的人文、艺术修养、审美情趣及文字、语言表达能力,积极参加社会实践;具有求真务实的科学素质,懂科学,爱科学,追求真理,对中国优秀的传统文化与思想有一定的了解。

(四) 身心素质

积极参加体育锻炼,达到大学生体育合格标准;受到必要的军事训练;身体健康,心理状态良好;有较强的适应能力、承受能力和人际交往能力。

二、能力结构要求

任何专业的毕业生都需具备一定的能力,否则就业就会存在一定困难。21世纪的大学生,学历文凭只是进入公司与企业的敲门砖,就业最关键的还是靠个人的各方面能力。国际经济与贸易专业的毕业生,由于其专业的特殊性,更需具备一些基本能力。

(一) 获取知识的能力

具有独立获取本专业知识、更新知识和应用知识的能力;具有计算机及信息技术的应用能力,能根据本专业任务检索相关文献,具备一定的信息资料检索能力、社交能力和对自然科学、社会科学知识的表达能力。

（二）应用知识的能力

能综合运用本专业的基础理论和专业知识,将所学的基础理论与专业知识融会贯通,具有从事国际贸易、国际货物运输、进出口企业结算等实际工作的能力,能独立分析和解决国际经济与贸易领域的实际问题;具有妥善处理人际关系、正确开展社会交往、解决现实问题和矛盾的能力;具备敏锐的洞察力,能根据时事的发展做出应变。

（三）创新能力

具有能够探索、运用新的技术手段、管理方法和业务途径来实现工作目标的能力,有创新意识,对国际经济与贸易学科最新发展动态及国内外研究现状有一定了解;掌握进行创新活动的思维方法,能独立开展一定的科学研究工作,具备一定的创新性思维和探索能力。

三、知识结构要求

国际经济与贸易专业毕业生需掌握分析问题、解决问题的科学方法,掌握经济学、国际经济学基本理论和方法,掌握国际贸易经营中的操作技巧;了解主要国家和地区的经济发展状况及贸易政策,了解国家的经济政策与法规及国际经济学、国际贸易理论发展的动态。知识永无止境,国贸毕业生要在就业时脱颖而出,必须具备相关知识。

（一）工具性知识

熟练地掌握一门外语,具有听、说、读、写、译的基本能力,应用现代信息化工具从事国际经济与贸易活动,掌握现代信息技术的基本知识,具有在本专业与相关领域的信息技术应用能力;掌握通过网络获取信息的知识、方法与工具,能够合法获取网上文字、图片、网页、文件等不同形式的信息。

（二）人文社会科学知识

基本掌握马克思主义、毛泽东思想和中国特色社会主义理论等的基本原理,具备一定的文学、历史、哲学、艺术、法律等方面的知识,有良好的思想品德修养和健康的心理。主要包括毛泽东思想、中国特色社会主义理论、形势与政策、思想道德修养与法律基础、马克思主义基本原理、中国近现代史纲要、人文社科和艺术类选修课等。

(三) 自然科学知识

掌握高等数学、线性代数、概率论与数理统计、现代科学技术等方面的知识。

(四) 学科基础知识

掌握微观经济学、宏观经济学、计量经济学、政治经济学、会计学、统计学、货币银行学、管理学等方面的知识。

(五) 专业知识

掌握国际经济学、国际贸易理论、国际贸易实务、中国对外贸易概论、国际金融、国际商法、国际市场营销、进出口企业结算、商务英语听说、外贸函电、国际贸易模拟操作等方面的基本理论与知识；熟悉市场营销学、世界经济、国际投资、世界贸易组织、国际服务贸易、国际技术贸易、报关理论与实务、电子商务、商品学、国际货物运输等方面的知识。

第二节　就业前景

在"就业面最宽的十大专业"中，国际经济与贸易专业排名第二，由此可见，国贸专业较其他专业而言，就业前景很好。当然，这与国内外的基本环境有关。近年来，由于我国国际经贸人才的需求居高不下，在业务上、素质上符合国际贸易人才条件的人数不多，巨大的国贸人才缺口为国贸毕业生就业提供了契机。21世纪，随着经济全球化的加深，大批量国贸人才的培养已成为我国人才培育工作所面临的一项重要任务。

国际经济与贸易专业培养学生掌握国际经贸及国际金融理论、政策、商务业务技能，由于在校期间所学课程较多，因此，国贸毕业生在多个学科中都有发展空间。首先，在外语上，国贸毕业生具备一定优势，出国留学是条不错的道路；其次，若想毕业后直接就业，涉外经贸部门、外资企业、跨国公司、物流企业、金融机构、商务机构、政府管理部门等都可进入。国贸学生若想毕业后从事经济理论研究、教学工作，还可选择继续深造。

一、就业方向

国际经济与贸易专业的毕业生由于在校期间掌握的知识与技能较多，因而求职方向有很多，以下主要分为专业对口和拓展两种就业方向。

（一）专业对口就业方向

国际经济与贸易的专业就业方向为对外贸易人员，具体主要分为七大类：外贸业务员、外贸跟单员、外贸单证员、报关员、报检员、国际货运代理人和国际结算员。

1. 外贸业务员

外贸业务员是指从事对外贸易业务的销售人员，负责进口、出口合同签订和履行的工作。外贸业务员与外销员或外贸专员相似，仅仅是不同企业在招聘时的不同称谓而已，工作内容相似。

（1）外贸业务员需要具备两项素质，即基本素质与专业素质，具体如下：

A. 基本素质

① 熟悉进出口业务操作流程；

② 书面外语扎实，口语良好，能够熟练地与客户进行业务沟通交流；

③ 熟悉常见的国际交往礼仪；

④ 熟悉日常的交际用语，接待客人显示出良好的修养和职业素质；

⑤ 熟悉常用的办公软件，例如：Word、Excel、Photoshop、PowerPoint、Outlook 等，能够使用传真机、复印机等办公设备；

⑥ 能够草拟标准的传真及信函，能够独立完成信用证的审核，根据信用证制定正确的出口单证；

⑦ 熟悉基本的电话用语，拨、接电话要显示良好的公司形象。

B. 专业素质

① 充分熟悉本公司的产品，了解其生产流程；准确判断产品的品质；了解产品的主要材料；能够独立准备一份公司项目表供人参考；能够草拟一份专业的报价单；熟悉工厂运营方式的组织机构构成；

② 充分了解竞争对手的产品，关注整个行业的最新动态；详细了解国外的同类产品；

③ 完整了解相关产品的测试标准;

④ 能够洞悉客户的言行,准确判断其真实想法;

⑤ 能够对客户的来访提前做好接待安排;能够独立带领客户参观工厂;能够巧妙地回答客户的问题;

⑥ 对出口货物操作有实际的经验;

⑦ 能够独立向客户介绍产品、公司,并且正确、专业地回答客户提出的问题;

⑧ 对出口货物包装及标志能够有专业的设计观念,确保符合出口货物的需要;

⑨ 对于国外正在执行的订单,要提供详细的生产计划通知单与生产部门及相关的部门。

(2) 外贸业务员的主要工作内容

① 负责外贸业务管理、协调、指导、监督工作,组织落实公司年度外贸业务工作目标,规范外贸业务流程;

② 负责开拓国际市场,了解、搜集市场信息及同行业竞争对手的情况,开发新客户与其建立业务联系;

③ 国外关系客户日常维护工作,包括对客户的询问解答、答复及其他相关问题;

④ 负责外贸单证的制作及外汇核销工作及电子口岸的网上联络工作;

⑤ 负责国外客户的接待、接机、安排参观等事宜。

(3) 心得感悟:外贸业务员靠的是毅力和心态,纵使没有订单,心态也要放平稳。这个职业压力很大,但是坚持做下去,经过几年就会有一定的客户资源。如果行业好,又有网络和展会平台,只要具备外语的听、说、读、写、译的能力,加上一定的经验积累,时间久了就能做出业绩。如果想成为一名出色的外贸业务员,或想发展为外贸经理,外语水平一定要好,特别是口语要相当流利,对产品也一定要很熟悉。最好能够做到专业化,并注重细节,站在别人的角度全面考虑问题。做事情需注重效率,要有很强人际交往能力,最好能够事先熟悉别人的文化。

2. 外贸跟单员

外贸跟单员是指在外贸业务员签订贸易合同后,在出口贸易业务过程中承担各类单证运转、衔接合同、货物、单证、订船、报检、保险、报关等环节，协助外贸业务员按贸易合同规定交货，是代表公司选择生产加工企业，指导、监督其完成生产进度以确保合同如期完成的人员。

(1) 外贸跟单员需具备以下五种素质：

① 良好的沟通能力，做好内、外部沟通；

② 外语口语较好，实现语言无障碍交流，掌握外贸函电及相关基本知识；

③ 很强的应变能力，处理紧急、突发事件的方式方法及用语应得当；

④ 行业专业知识扎实，有问题应及时发现，并做出改善措施；掌握足够多的专业术语，赢得客户和工厂供应商的信任；

⑤ 工作要细心，具备极强的服务意识。

(2) 外贸跟单员的工作内容主要有以下几点：

① 跟踪每张订单的生产，并将货品顺利地交给客户，收回应收的款项；

② 同新、旧客户保持联系增加沟通，了解客户所需；

③ 接收客户的投诉信息，并将相关的信息传递到公司的相关部门；

④ 掌握、了解市场信息，开发新的客源；

⑤ 做好售后服务。

(3) 心得感悟

外贸跟单员工作比较繁琐，相应也会比较辛苦，但能学到很多东西，工作久了，各方面能力都会得到提升。外贸跟单员是客户和公司业务、生产、出货各方面的桥梁，他的工作偏向于企业管理与客户服务的方面，要求的技术能力比较高，对外语要求更高。工作中要细心、耐心，要懂得如何协调与各部门的关系。一个好的外贸跟单员需对本公司的产品知识掌握扎实，跟踪能力强。但是外贸跟单员与外贸业务员不同，无须承担拿不到订单的压力，但工作量很大，是一个有挑战性的工作。

3. 外贸单证员

外贸单证员是指在对外贸易结算业务中，买卖双方凭借在进出口业务中应用的各种单据、证书来处理货物的交付、运输、保险、商检、结汇等工作的人员。

(1) 外贸单证员需具备的素质

① 专业知识——知道要怎么做

外贸单证员必须掌握系统的外贸知识、单证知识、外语知识,并善于学习更新知识。在扎实的外贸专业知识基础上,还应清楚企业的运作流程,了解产品知识、生产工艺流程,以及掌握货代市场行情和一些贸易国别或地区的政策、单证习惯等相关知识。专业知识丰富,涉及面广泛是成为一名优秀单证员的前提。

② 专业技能——知道该怎么做

外贸单证员要求有较强的实践操作能力,单证质量的高低是衡量外贸单证员业务能力的直接体现。在实际的外贸单证操作中,外贸单证员需要有良好的沟通技巧,综合掌握外语、电脑及沟通工具的运用技巧,不断钻研业务、提高单证缮制技巧,降低单证出错率。

③ 工作态度——知道该怎么做好

外贸单证员需要极强的责任心,对待单证工作需要特别耐心细致。许多外贸单证员都有过因单证制作错误"花钱买教训"的经历,制单过程中最忌粗心大意,急于求成。在面对错误或困难的时候,需要调整心态,直视并勇于承担错误,积极地解决问题。如果没有严谨的工作态度,就会重复犯错。外贸单证员要善于时间管理、勤于记录备案、重视协调沟通,能够在工作中不断思考、总结,养成良好的工作习惯,这些都是高素质的外贸单证员的必备条件。

(2) 外贸单证员的主要工作

审证、制单、审单、交单和归档等一系列业务活动,贯穿于进出口合同履行的全过程,具有工作量大、涉及面广、时间性强和要求高等特点。

(3) 心得感悟

外贸单证员最少需要懂得 FOB 和 CIF 这两种贸易条件下的操作,空运、海运、电放等运输方式的操作,T/T、L/C 的支付方式的操作,懂得 C/O、FORM-A 的办理,以及报检等,同时还要会做一般贸易和进料加工。有报检员证、报关员证,能报关更好。优秀的外贸单证员熟悉整个外贸单证流程,甚至能全部一个人操作,包括结汇、核销、退税。当然,对于外贸单证员而言,熟悉各国的海关惯例和法律也很重要。

4. 报关员

报关员是指通过全国报关员资格考试,依法取得报关从业资格,并在海关注册登记,代表所属企业(单位)向海关办理进出口货物报关纳税等通关手续,并以此为职业的人员。中华人民共和国海关总署于2013年10月12日发布公告决定,自2014年起不再组织报关员资格全国统一考试。之后,报关从业人员由企业自主聘用,由报关协会自律管理,海关通过指导、督促报关企业加强内部管理实现对报关从业人员的间接管理。

(1) 报关员应具备的素质

① 熟悉相关报关流程,熟悉相应的国家法律法规;

② 具备一定的沟通及处理问题的能力,具有一定英语能力;

③ 性格开朗、为人正直,工作细心负责。

(2) 报关员的主要工作

① 按照规定如实申报出口货物的商品编码、商品名称、规格型号、实际成交价格、原产地及相应优惠贸易协定代码等报关单有关项目,并办理填制报关单、提交报关单证等与申报有关的事宜;

② 申请办理缴纳税费和退税、补税事宜;

③ 申请办理加工贸易合同备案(变更)、深加工结转、外发加工、内销、放弃核准、余料结转、核销及保税监管等事宜;

④ 申请办理进出口货物减税、免税等事宜;

⑤ 协助海关办理进出口货物的查验、结关等事宜。

(3) 心得感悟

报关员遍及全国各地,凡设有海关的地方都需要由报关员向海关报关。改革开放以来,随着对外贸易的发展,企业对报关员的需求越来越大,目前社会上的报关员数量远远不能满足需要。因此,报关员这一职业是极有前途的。随着报关员从业资格考试的取消,会有越来越多的人进入这一行业,所以要胜任报关员的工作,还是需要主动学习,熟悉报关业务。

5. 报检员

报检员是指获得国家质量监督检验检疫总局规定的资格,在国家质检总局设在各地的出入境检验检疫机构注册,办理出入境检验检疫报检业务的人员。

(1) 报检员应具备的职业素质

① 具备扎实的理论功底和基本的报检注意事项;

② 具有较强的沟通能力,能够及时准确地解答客户提出的疑难问题;

③ 具备清晰敏锐的反应能力,能够应付各种紧急突发情况;

④ 性格乐观开朗,心理素质良好。

(2) 报检员的主要工作内容

① 准备合同、发票、装箱单、检验报告,填写报检单进行网上申报和窗口审单;

② 带商检工程师验货;

③ 领取换证凭单或凭条和检验单。

(3) 心得感悟

随着外贸量的骤增,对持证报检员的需求不断增大。虽然报检员的职业前景大好,但进入门槛较高。根据国家质量监督检查检疫总局有关规定,未获得报检员资格证书的人员将不得从事报检业务。因此,今后要想捧上报检员的金饭碗,必须先参加专业考试。

6. 国际货运代理人

国际货运代理人,在国际货运市场上处于货主与承运人之间,接受货主委托,保证安全、迅速、经济地运送货物并控制货物运输的全过程,被认为是国际货物运输的组织者和设计师。

(1) 国际货运代理人需具备的素质

① 具备良好的资信;

② 了解有关法律法规与政策;

③ 精通国际货运业务知识。

(2) 国际货运代理人主要工作

办理有关货物报关、报检、交接、仓储、调拨、检验、包装、转运、租船、订舱、配载、验收、收款、缮制有关证件、保险、拆装集装箱、结算运杂费、交单议付和结汇等。

(3) 心得感悟

根据外经贸部的规划,为规范国际货运代理行业的操作流程和提高从业人员业务水平,在国际货代行业推行持证上岗制度。对现从事货代工作者来说,要想保住饭碗,必须考国家货运代理人证书;而对打算进入这一领域的人士来说,该证更是入行的敲门砖。

7. 国际结算员

国际结算员是指根据国家金融政策、法律法规和总行有关规章制度以及国际惯例办理国际结算业务的从业人员。

(1) 国际结算员需具备的素质

① 良好的外语水平;

② 熟悉国际结算的业务,掌握不同的结算工具;

③ 具备细致、踏实的性格,以及很强的服务意识。

(2) 国际结算员的主要工作

处理并审核进出口押汇单据、信用证及放款文件,处理和审核进出口代收、进出口保函等业务,对经办行进出口信用证业务的监控,规范经办行进出口信用证业务的办理,对信用证业务进行统计、分析等工作。

(3) 心得感悟

国际结算可以促进国际贸易交易,服务国际经济文化交流,促进国际金融一体化,进而繁荣整个世界经济;同时还可为本国创收和积累外汇,引进外资,合理使用外汇,输出资金向外投资,起到巩固本国货币汇率,提供本国对外支付能力的作用。国际结算的重要性要求国际结算员必须具备较强的自我控制与约束能力,工作需谨慎细心,且要保持学习的态度。面对每天看似重复的工作,国际结算员仍需保持高度热情,以防出错。

总结

在竞争日趋激烈的今天,社会对外贸人才的要求也日益提高,外贸工作者不但要有扎实的专业知识,还要具备综合的实践能力。具体包括以下几方面:第一,具备较高的商务外语沟通能力和计算机应用能力。第二,具有扎实的专业知识。国际贸易专业人才必须掌握国际贸易专业基本理论知识和基本技能,通晓我国外贸政策和理论、国际贸易规则与惯例、进出口交易程序与合同条款等。除此之外,还要熟悉国际经济、金融、政治、法律、社会文化等情况。第三,具有良好的综合素质。国际市场竞争激烈,要想在激烈的竞争中立于不败之地,必须具有不断创新的能力。要时时注意外贸工作的动态、情况、问题,及时捕捉国际贸易信息和良好商机;要敢于创造新思维、探索新路子、开创新局面,从而在商战中出奇制胜。在拥有成熟的经验后,有相当一部分外贸人员自主创业,成立了属于自己的外贸公司。

小建议

为了提高求职竞争力,应对外贸工作压力,国际经济与贸易专业的毕业生需要注意做到以下几点:

(1) 外语能力是做好外贸工作很重要的要素,有大学英语六级证书固然好,但最好还要注意提升自己的口语水平,良好的口语水平会给日后的工作带来很多便利。

(2) 如果事先有打算进入外贸行业,可以先熟悉一下外贸专业英语。找一些与该行业相关的中英文对照技术手册、国际标准,查看该行业内一些企业和行业协会、商会的英文网站,早做准备会有很大的收获。

(3) 最好找到一家正规的外贸企业实习,很多简单的流程或术语在书本上看不到或看到了也似懂非懂,去单位实习,学习别人书写的外贸函电,向有经验的前辈虚心请教,很多工作流程和行业惯例就豁然开朗了。实习期间注意观察技术人员,他们一定有一套自己的做事流程,可向他们慢慢学习。

(4) 相关外贸资格证书很重要。可以参加外销员资格考试、报检员资格考试等,获得相应证书对未来想从事外贸行业的同学很有帮助。

(二) 拓展的就业方向

除了外贸行业外,国际经济与贸易专业的毕业生还可进入其他行业,可看作拓展的就业方向。当然,拓展的就业方向有很多,在这只介绍一些多数国贸毕业生择业的方向。

1. 金融/保险/投资

金融业是指经营金融商品的特殊行业,它包括银行业、保险业、信托业、证券业和租赁业。

保险业是指将通过契约形式集中起来的资金,用以补偿被保险人的经济利益业务的行业。

投资业是指从事投资活动经营投资资本、提供投资服务自主经营、自负盈亏的企业群体及其经营活动的总和,包含具有一般投资功能的企业、控股公司、企业集团、信托投资公司和投资银行等。

职业概况:很多毕业生都想从事这一职业,但该职业工作内容广泛,报酬差距较大,收入多半与业绩挂钩。

薪酬水平:职位薪酬差距较大,不少职位的基础工资很少,因为报酬完全建立在业绩的基础上,每做成一笔生意都可以得到提成。对于工资建立在业绩上的人员来讲,压力是巨大的。但同时,回报也是巨大的。

心得感悟:这一行需要具备良好的专业知识、积极的进取心、坚持不懈的态度,掌握与他人良好沟通的技巧,且抗压能力要强。

2. 销售

销售,通俗地说,就是卖东西。销售是创造、沟通与传送价值给顾客,及经营顾客关系以便让组织与其利益关系人受益的一种组织功能与程序。销售就是介绍商品提供的利益,以满足客户特定需求的过程。

职业概况:只要有产品和服务在出售,就会有销售的职位在招聘。对于以技术为背景的行业里面,例如电信、软件等,销售的需求仍然会持续走高。即使在非技术领域,销售职位也一直是市场需求最旺盛的职位类别之一。

薪酬水平:在销售这个职位上,报酬的差别很大,不少职位的基础工资很少,报酬完全建立在销售业绩的基础上,每做成一笔生意都可以得到佣金。

心得感悟:优秀的销售人员需要具备以下素质:积极的进取心、坚持不懈的态度、与他人良好沟通的技巧、给人信任度以及在商谈中营造舒适氛围的能力。

没有什么销售经验的大学毕业生,如果看好一个公司的销售职位,就要尽可能多地去了解这个公司的情况,这样可以增加应聘成功的机会。不论所受教育水平如何,销售人员对他们销售的产品和服务应该有综合的了解。更重要的是,销售人员应该能够有效地把产品和服务信息与客户进行沟通。想从事这一行,建议多看介绍销售技巧的书籍,多参加一些公司组织的促销活动,如参加学校招聘的兼职业务员或促销员。网络信息时代,可以多浏览一些专业网站、论坛等,有机会可向成功的销售高手交流学习。

3. 市场/公关

市场/公关是主要从事组织机构信息传播、关系协调与形象管理事务的咨询、策划、实施和服务的管理行为。公关的主体是社会组织,客体是公众,手段是传播。

职业概况:企业通过媒介的介绍、传播以及与观众的交流、沟通和互动,在公众面前树立并强化公司的品牌形象,在市场竞争中赢得先机。而在这一系列活动安排中,专业公关是企业的好帮手。

薪酬水平:各地差异较大,基本工资较高。

心得感悟:随着公关人才的需求看涨,原本从事市场、媒体、新闻、中文、企业公关的部分人才将眼光投向了公关行业。这个行业对人员的素质要求很高,员工个个都是精兵强将。即使是有新闻、企业公关等工作经验的人加入该行业,都需要从头做起,晋升到总监级别更需经历十几年的奋斗。

4. 行政/后勤

行政/后勤工作,是为各单位职能活动正常进行而提供的以服务为主要目的的工作。

职业概况:行政/后勤部门就是协助好上级行政领导施政行政,当好助手。关键是要为领导分忧和服务,起到上传下达的作用。

薪酬水平:各地差异较大,平均工资处于中等水平。

心得感悟:每家公司针对 HR,针对行政都有不同的要求。而且大家要特别清楚,不管是 HR,还是行政,如果不能与公司的需求相结合,就没有价值和存在的意义,所以不能一味地抱怨。如果你认为自己很有能力,对公司的 HR 和行政有见解,那你要做的是跟着老板的思路,适时给他建议并试着让他接受。如果你认为自己的能力有限,那要处处留心,虚心并主动向前辈请教。

5. 公务员

公务员,是指依法履行公职、纳入国家行政编制、由国家财政负担工资福利的工作人员。公务员职位按职位的性质、特点和管理需要,划分为综合管理类、专业技术类和行政执法类等类别。

针对国际经济与贸易专业的毕业生,可备考诸如海关、商务部等的公务员岗位。

海关是依据本国（或地区）的法律、行政法规行使进出口监督管理职权的国家行政机关，负责对出入国境的一切商品和物品进行监督、检查并照章征收关税。2018年，出入境检验抗疫管理工作也划入海关总署管理。

中华人民共和国商务部是中华人民共和国国务院主管商业经济和贸易的组成部门。为适应中国加入世贸组织后，中国市场与全球市场将融为一体，很难再继续严格地区分内贸和外贸。2003年举行的第十届全国人民代表大会第一次会议决定，把原国家经济贸易委员会内负责贸易的部门和原对外经济贸易合作部合并成"商务部"，统一负责国内外经贸事务。

心得感悟：最近几年，报考公务员的人数日益增加，呈现出一种火热的状态。公务员报考热很大原因是由于公务员稳定的工作与待遇，而且公务员的社会地位也比较高。因此，公务员考试报考人数越来越多，考试压力很大，考生心态很重要。当然，公务员自身需具备很多素质与能力，如较高的政治素质、求真务实的基本素质、较强的依法行政能力、公共服务能力、组织协调能力、文字综合能力。能考上公务员的毕竟是少数，要摆好心态，也不要盲目跟风而随公务员热的大流。

📖 总结

受金融危机及国际形势的影响，外贸行业往往很不稳定。由于国际经济与贸易专业的课程设置，培养了国贸毕业生多方面的能力。国贸毕业生不一定非要从事外贸行业，相关调查也显示，毕业于国际经济与贸易专业的学生做外贸的并不多，也就是就业不对口，他们在择业时常常偏向拓展的就业方向。因此，国贸毕业生求职的选择有很多。但是，国贸学生不能因为毕业后有多种就业选择而放松在校期间的学习，毕竟扎实的专业知识是求职成功的关键因素。面对多种求职选择，国贸学生需理性对待，在校期间就要考虑未来的求职方向，从而确定目标，努力学习相关知识。当然，在求职时也可结合自己的优势与兴趣，做到"做一行爱一行"。

📖 小建议

国际经济与贸易专业的毕业生为了在毕业后都能找到心仪的工作，可通过以下几方面的努力提高就业率。

(1) 挖掘人脉资源,拓宽求职渠道。在发达国家,即便是劳动力市场中介体系相当完善的条件下,基于人脉资源的社会网络资本的使用在毕业寻找工作中也扮演了非常重要的作用。国贸毕业生要抓住身边一切可用的人脉资源,拓宽自己的求职渠道,从而找到满意的工作。

(2) 转变就业观念,提高就业的自主性,积极培养创新能力与合作精神。在当前就业普遍遭遇寒霜的背景下,若国际经济与贸易专业的学生出现暂时的就业不畅也是正常的,关键是及时调整心态,特别是要把握外贸发展的历史大好机遇,努力学习外贸专业知识,积极参加社会实践活动,提高个人的道德修养、综合素质和团队合作意识,在择业时更要摆正心态,做到理性而务实,应树立"先就业、再择业、后创业"的就业观,即使暂时找不到工作,也不应灰心,应进一步加强学习,增加自身实力,并积累求职经验,提高自我推销的能力,最终取得求职成功。

(3) 提升就业能力,增强竞争力。就业能力包括专业能力与市场能力两个部分。专业能力取决于学生所拥有的知识、技能与态度等资产以及他们使用和配置这些资产的方式,而市场能力取决于他们向雇主展示这些资产的方式以及他们寻找工作的特定环境,特别是所面临的劳动力市场环境。在专业能力方面,以敬业精神、职业道德和职业操守为代表的态度型资产是毕业生专业能力中的关键,以解决问题能力为代表的知识技能型资产是专业能力的基石。在市场能力方面,为寻找更好的职业发展机会,毕业生必须要了解现在整个劳动力市场,特别是大学生的劳动力市场的总体供求数量信息和结构信息,要了解职位具体的职责要求,了解自己个人就业能力的水平,同时还必须改进自己的展示能力。

二、薪酬

薪酬(compensation),广义的理解是指个体从企业得到的一切好处,包括直接的和间接的、内在的和外在的、货币的和非货币的所有形态的个人收益。从市场角度看,薪酬是人力资本价值的市场形式,或称"人力资本价格";从分配角度看,薪酬是企业对人力资本贡献的回报。

当今社会,大学生就业面临一定的困难,薪酬待遇直接关系到毕业生的从业意愿,很多毕业生都会向高薪酬的行业靠拢,这点无可厚非。外贸工作的一些人员薪酬待遇和金融会计人员相比,稍微低了一些,导致越来越多的国贸专业毕业生青睐会计、市场营销、金融等有关的工作。

根据南京财经大学公布的 2019 届毕业生就业质量报告显示,国贸本科毕业生期望月收入为 5 464 元,实际月收入为 5 058 元,总体处于中等水平。国贸毕业生期待收入和实际收入有一些差距,但薪酬是随着经验的增长而逐步增加的,国贸专业毕业生工作 5 年后,工资在 10 000 元以上的大有人在。

三、就业率

就业率(employment rate,高校毕业生就业率在统计时通常还包括开学、出国等人数),是指就业人口与 16 岁以上总人口的百分比。凡在指定时期内届满一定下限年龄,有工作并取得报酬或收益的人或有职位而暂时没有工作(如生病、工伤、劳资纠纷、假期等)的人以及家庭企业或农场的无酬工作者,均计为就业人口。

据教育部、人力资源社会保障部数据,2021 年全国预计将有 909 万名高校毕业生,同比增加 35 万,这个数字连续 12 年上涨,面临的就业形势严峻复杂,就业难度在逐年增加。对于广大大学毕业生,最起码的要求是想找到一份工作,不管是专业对口还是拓展工作,甚至是转行为其他工作。针对国际经济与贸易的毕业生,对于就业率这一块,南京财经大学就业质量报告也有涉及,主要数据如下:

2017—2019 届国际经济与贸易专业毕业生初次就业率分别为 94.64%、98.9% 和 100%,三年的年终就业率均达到 100%。国贸专业平均 97.83% 的学生在毕业之前或刚刚毕业时找到工作,2.17% 的学生在毕业半年内实现就业。

就业率为中等偏上,可见,国贸毕业生的就业率较其他专业还是比较乐观的。因此,国贸毕业生在择业时要慎重,尽量选择自己喜欢的工作,切勿盲目。

四、发展前景

根据 2019 年全国高校毕业生就业状况抽样调查数据显示,从大学生求职意愿看,发展前景好是毕业生在确定或选择工作单位时最看重的因素。当前大学生毕业后的就业选择更多考虑职业发展前景,一些毕业生对于不称心的工作宁愿失业或继续深造。作为当代大学生，在择业时注重发展前景，要求普遍偏高，求职更加理性谨慎。

自从改革开放以来，尤其是加入 WTO 之后，对外贸易的额度和规模都发生了前所未有的发展，对外贸易的整体总额在 2012 年已经超过美国，成为全球第一大对外贸易的国家。对外贸易的迅猛发展为我国创造了大量的就业机遇，随之而来的就是需要大量的外贸从业人员。但外贸的大部分企业主要是以中小企业为主体，经营规模都比较小，整体的发展情况还是受到世界经济形势变化的影响，在竞争力上不占太大优势，给予员工的工资水平和个人的发展也和大型的企业不能相提并论，相应的社会保障也不够健全，导致外贸工作对国贸专业的毕业生们吸引力在降低。与此同时，不少对外贸易的企业对外贸人员的总体需求经常不能得到满足，尤其是东南沿海一些对外贸易发展蓬勃的地区，对外贸人员的需求更是有巨大的缺口。

南京财经大学 2019 届毕业生就业质量报告显示，国贸专业本科生认为求职有难度的比例为 44.58%，与其他专业相比，求职难度较低。随着我国外贸行业的竞争越来越激烈，拥有专业知识的高技能人才越来越受企业的青睐。国际经济与贸易专业的发展前景较其他很多专业相对较好。对于越来越趋理性的大学生，可选择国贸专业。

第三节　资证考试

一、经济类

经济类的资证考试主要有：证券从业人员资格考试、银行从业人员资格考试、期货从业人员资格考试。

（一）证券从业人员资格考试

证券从业人员资格考试是由中国证券业协会负责组织的全国统一考试。证券资格是进入证券行业的必备证书，是进入银行或非银行金融机构、上市公司、投资公司、大型企业集团、财经媒体、政府经济部门的重要参考。

因此,参加证券从业人员资格考试是从事证券职业的第一道关口,证券从业资格证同时也被称为证券行业的准入证。

图 6-1 证券从业资格证

证书:证券从业资格证。

报考条件:凡年满 18 周岁,具有高中以上文化程度和完全民事行为能力的境内外人士都可以报名参加证券从业人员资格考试。

收费标准:70 元/科。

报考时间:1月、4月、7月、10月。

考试时间:3月、6月、9月、11月。

考试科目:分为基础科目和专业科目。

基础科目为"证券市场基础知识"。

专业科目包括:"证券交易""证券发行与承销""证券投资分析"和"证券投资基金"。

基础科目为必考科目,专业科目可以自选。

考试题型:单选题、多选题、判断题。

合格分数线:总计 100 分,60 分以上(含 60 分)为合格,通过基础科目及任意一门专业科目考试即可获得从业资格。

考试通过率:39.14%。

证书有效期:两年。

持证意义:证券业目前是国内高收益、高风险行业,是金融行业重要的支柱。随着金融体制改革不断深化,银行、保险以及社保基金介入证券领域投资,金融业掀起了金融人才的竞争,同时国外金融机构也开始竞相涌入中国,金融人才的薪金更是"水涨船高"。证券从业资格证作为证券行业唯一的资格证书,成为从事证券行业工作的主要依据。

(二)银行从业人员资格考试

"中国银行业从业人员资格认证",简称 CCBP(Certification of China Banking Professional)。它是由中国银行业从业人员资格认证办公室负责组织和实施的银行业从业人员资格考试。该考试认证制度,由四个基本的环节组成,即资格标准、考试制度、资格审核和继续教育。

证书:中国银行业从业人员资格证。

报考条件:凡年满18周岁,具有高中以上文化程度和完全民事行为能力的人士都可以报名参加银行从业资格考试。

收费标准:80元/科。

报考时间:2~4月、8~9月。

考试时间:6月、11月。

考试科目:分为基础科目和专业科目。

图6-2 银行从业人员资格考试公共基础证书

基础科目为"公共基础"。

专业科目包括:"个人理财""风险管理""个人贷款"和"公司信贷"。

基础科目为必考科目,专业科目可以自选。

考试题型:全部为客观题,包括单选题、多选题和判断题。

合格分数线:总计100分,60分以上(含60分)为合格。通过基础科目及任意一门专业科目考试可获得从业资格。

考试通过率:38%。

证书有效期:两年。

持证意义:银行业凭借良好的发展势头,受到国贸毕业生的追捧,越来越多的毕业生锁定银行作为自己毕业的求职目标。然而由于银行业的特殊性,以及长期以来固有的管理体制,各大银行对于在职人员和新招聘人员的从业资格的要求越来越严格,大学毕业生想要进入银行可谓是困难重重。随着我国银行业发展的日益规范,对于人才的选拔、招聘将更多地以资格标准、能力测评的形式客观、公正地进行,而银行从业资格考试作为银行业入门级的准入性质考试,也将为"体制外"的大学生提供同等的公平就业机会。

(三) 期货从业人员资格考试

期货从业人员资格考试是期货从业准入性质的入门考试,是全国性的执业资格考试。考试由中国证监会监督指导,由中国期货业协会主办,考务工作由 ATA 公司具体承办。

证书:期货从业资格证。

报考条件:凡年满 18 周岁,具有高中以上文化程度和完全民事行为能力的人士都可以报名参加期货从业人员资格考试。

图 6-3 期货从业人员总资格证

收费标准:70 元/科。

报考时间:2~3 月、4 月、5~6 月、7~8 月、10 月。

考试时间:3 月、5 月、7 月、9 月、11 月。

考试科目:"期货基础知识"与"期货法律法规"。若上述两科考试通过后,可报考"期货投资分析"科目。

考试题型:选择题。

合格分数线:总计 100 分,60 分以上(含 60 分)为合格。

考试通过率:28%。

证书有效期:长期有效。

持证意义:① 据权威机构统计,期货从业人员是"薪"情最好的人之一,平均月薪在 5 000 元以上。而按规定,期货中介机构不得聘用无资格证书或资格证书失效者成为期货从业人员。② 随着股指期货的推出,期货人才的缺失与不足问题凸显。通过期货从业人员资格考试,已成为步入期货行业的必经之路。

二、贸易类

贸易类的资证考试主要有:报检员资格全国统一考试、国际货运代理人考试。

（一）报检员资格全国统一考试

报检员资格全国统一考试是全国性的专业资格考试，主要测试应试者从事报检工作必备的业务知识水平和能力。考试合格人员取得"报检员资格证书"，可注册为代理报检单位报检员或自理报检单位报检员。

证书：报检员资格证书。

报考条件：凡年满18周岁，具有高中或中专及以上学历和完全民事行为能力的人士都可以报名参加报检员资格全国统一考试。

收费标准：100元。

报考时间：9月。

考试时间：12月。

图6-4 报检员资格证书

考试科目：报检员资格全国统一考试教材，分为基础知识篇、国际贸易篇、基础英语篇和法律法规篇。

考试题型：客观选择性试题。

合格分数线：总成绩为150分，合格分数线为90分。

考试通过率：45%。

证书有效期：两年。

持证意义：报检员资格考试很有发展前景，首先国家质检总局规定要想从事报检业务必须要参加报检员资格考试并取得报检员资格证，所以这是一个硬门槛。其次参加报检员资格考试取得报检员资格证后可以去货代公司、专业的报检行和有进出口经营权的公司等一些单位就业，就业面也比较广。

（二）国际货运代理人考试

国际货运代理业是指接受进出口货物收货人、发货人的委托，以委托人的名义或者以自己的名义，为委托人办理国际货物运输及相关业务并收取服务报酬的行业。

2004年9月,经严格审核并认定,FIATA总部在南非太阳城召开的2004年FIATA世界代表大会上通过了中国货代协会的申办,授权中国国际货运代理协会为中国大陆唯一有资格从事FIATA货运代理资格证书培训和考试的组织者。

证书:国际货运代理从业人员资格证书。

图 6-5　国际货运代理从业人员资格证书

报考条件:① 有一定的国际货运代理实践经验,或已接受过国际货运代理业务培训并有志于从事国际货运代理业务人员;② 具有高中以上学历,有志于从事国际物流工作的求职人员和在校学生。

收费标准:单科80元,两科共160元。

报考时间:5～7月。

考试时间:10月。

考试科目:两科。①"国际货运代理理论与实务"(包括国际货运代理概论、国际贸易实务、报检与报关、班轮货物运输、租船货运实务、航空货物运输、陆路货物运输、货物多式联运、仓储与物流管理、危险货物运输、货运代理市场营销、货运纠纷处理与案例);②"国际货运代理专业英语"(含英文单证)。

考试题型:主客观结合。

合格分数线:满分均为100分,及格分数为60分。两科均及格者方可获得合格证书。单科及格者成绩可保留至下年度有效(只允许补考一次)。考试合格者,在通过后一个月内,考生还须通过"案例分析""航线设计"或"货运最佳方案设计"及有关企业管理等方面的复试,并接受证书评审专家的面试。复试及面试成绩是考生最终能否获证的依据之一。

考试通过率:50%。

证书有效期:五年。

持证意义:国际货运代理业在中国还不是一种成熟的产业,国内外客户的需求又有很大不同,所以熟知国际货运代理的相关知识有利于胜任货代工作。持有国际货运代理从业人员资格证书,能够帮助想致力于这一行的国贸毕业生顺利找到工作。

三、外语类

外语类考试主要是剑桥商务英语考试(BEC)。

教育部考试中心和英国剑桥大学考试委员会合作,于1993年起举办商务英语证书考试。该系列考试是一项水平考试,根据商务工作的实际需要,从听、说、读、写四个方面对考生在商务和一般生活环境下使用英语的能力进行全面考查,对成绩合格者提供由英国剑桥大学考试委员会颁发标准统一的成绩证书。

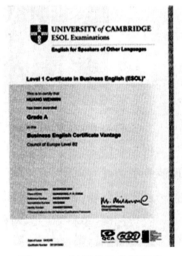

图 6-6 剑桥商务英语证书

证书:BEC 初级、中级、高级证书。

报考条件:不受年龄、性别、职业、地区、学历等限制,任何人(包括学生、待业人员等)均可持本人身份证件到当地考点报名。在华工作的外籍人员和现役军人亦可持本人有效身份证件报名参加考试。

等级:BEC 共分三个等级:BEC 初级(BEC Preliminary Level,BEC Pre.),BEC 中级(BEC Vantage Level,BEC Van.),BEC 高级(BEC Higher Level,BEC Hi.)。

收费标准:BEC 初级:360 元;BEC 中级:450 元;BEC 高级:580 元。

报考时间:报名无开始时间,即任何时间都可以报名。有截止时间:上半年报名截止时间为 3 月 10 日；下半年报名截止时间为 9 月 15 日。报名截止时间每年会有几日的变化，以考点公布的为准。

考试时间：每年 5 月的第三周周六（BEC 高级），第四周周六（BEC 初级），6 月第一周周六（BEC 中级）；每年 11 月第四周周六（BEC 高级），12 月第一周周六（BEC 初级），第二周周六（BEC 中级）。上午笔试，下午口试。

考试形式：分两个阶段进行。第一阶段为笔试，包括阅读、写作和听力，第二阶段为口试。各部分具体考试时间分别为：BEC 初级阅读、写作 90 分钟，听力约 40 分钟，口试 12 分钟；BEC 中级阅读 60 分钟、写作 45 分钟、听力约 40 分钟、口试 14 分钟；BEC 高级阅读 60 分钟、写作 70 分钟、听力约 40 分钟、口试 16 分钟。

成绩等级：BEC 初级分 Pass with merit、Pass、N、F 四等；BEC 中级分 A、B、C、N、F 五等；BEC 高级分 A、B、C、N、F 五等。其中 N、F 为不及格。

考试通过率：35%～40%。

证书有效期：终生有效。

持证意义：由于该证书是由英国剑桥大学考试委员会统一颁发的，具有权威性。剑桥商务英语证书作为确认证书持有者英语能力证明的首选证书，在英国、英联邦各国及欧洲大多数国家的商业企业部门均获得认可。同时，该证书也是在所有举办该项考试的国家和地区求职的"通行证"，现在越来越多的大型企业通过 BEC 来评估雇员、受训员工和应聘者的语言技能。

第四节　学历深造

随着就业压力的加剧，很多国际经济与贸易专业的毕业生不想直接就业，而选择学历深造。这样一方面可以暂时缓解就业压力，另一方面也可以继续深入学习，获取更多的知识与技能，为未来更好地求职打下基础。如今从事经济理论研究、教学等工作一般都要求硕士及以上学位，若国贸毕业生想从事这些职业，选择学历深造很有必要。目前，学历深造主要有两种形式，即考取研究生和出国继续深造，如何选择因人而异。

一、经济类专业研究生

由于经济类专业的就业面广,就业形势较其他专业好,而且经济类专业的研究生比本科生更受青睐,所以很多学生选择考研来提升自身水平,因此,经济类专业的考研形势特别严峻。经济类专业的课程难度相对于理工科来讲不高,而且比较容易自学,致使很多本科学习理工科的学生转行报考经济类专业的研究生。

(一)经济类专业简介

国际经济与贸易专业属于经济类专业,对于经济类专业,一般可分为两大类:理论经济学和应用经济学。国贸毕业生考研时可自主选择。

理论经济学主要包括政治经济学、经济思想史、经济史、西方经济学、世界经济、人口、资源与环境经济学。

应用经济学主要包括国民经济学、区域经济学、财政学、金融学、产业经济学、国际贸易学、劳动经济学、统计学、数量经济学。

需要指出的是,经济类专业考研有三门必考科目,分别为:① 101 政治理论;② 201 英语或 202 俄语或 203 日语;③ 303 数学(三)。

想报考经济类专业研究生的学生要加强以上科目的学习,尤其是重视数学(三)的学习。

对于跨专业考研,由于涉及类型较多,在此不再介绍。想跨专业考研的国贸毕业生,需要慎重考虑,综合各方面因素再做决定。

(二)经济类硕士就业前景

相对于本科生,经济学专业的研究生经过几年的深造和导师的精心辅导,无论在知识结构还是在科研能力上,都有很大的提升,就业面也得到相应的拓展。从整体上看,经济学硕士毕业后,就业的空间比较大。不过国民经济学、产业经济学、区域经济学、数量经济学、西方经济学等专业毕业后,更多的是从事研究性工作。据经济学考试中心的观察统计发现,在校期间注重实践,同时研究功底比较深厚的经济学硕士生,刚出校门拿到年薪 10 万元以上者,不在少数。

对于理论经济学毕业的研究生,由于具有基础性,可灵活就业,可以在综合经济管理部门、政策研究部门、经济咨询单位、金融机构、高校、科研所等从事经济分析、预测、规划等科研工作和经济类专业教学工作,也可进入新闻、出版等部门。

对于应用经济学硕士毕业生,可针对自己专业方向的特点进行择业。一般而言,国际贸易学专业主要在涉外经济贸易部门、外资企业及理论研究机构从事实际业务、管理和科研工作;金融学专业毕业生主要在银行、证券、投资、保险及其他经济管理部门从事相关工作;财政学专业毕业生主要在财政、税务及其他经济管理部门和企业从事相关工作;统计学专业毕业生可在科研教育部门从事研究和教学工作,也可进入经济管理部门和各大公司进行统计分析和预算工作。

总之,经济学硕士毕业生就业前景十分广泛,既可在贸易业务、金融业务、证券投资、银行系统、保险业等领域内大展宏图,也可在学校、科研单位从事科研和教学工作,还可到政府相关部门从事有关投资的政策制定和政策管理等工作。除此之外,管理类专业研究生也是国际经济贸易专业可选择的一种学历深造途径,感兴趣的国贸毕业生可根据自身情况查看相关高校的招生简章。

二、出国继续深造

由于较发达的经济理念源于国外,所以出国继续深造也是一种很好的选择。如果想要出国深造,对于商学院申请美国、英国等地的经济学专业相对好一些,也有较大的可能性获得高额奖学金。

如果想出国深造,要注意加强外语的学习。根据国家及学校的不同要求,要通过托福或雅思考试。

对于出国深造的经济学硕士,就业前景甚是广阔。除了选择国内就业外,还可直接留国外工作。对于学成归来的学子,在国内的竞争力也会变大。由于国内很多企业注重学生国外的求学经历,在招聘时的录用率会提高。如果留学归来后,学生想进入外贸行业,国外求学经历的优势更是国内学生无法取代的。由于外贸行业对外语的要求很高,出国深造的学生有在国外生活的经历,可熟知国外的基本情况,求职竞争力较国内学生强。

📖 阅读材料

三个外贸 SOHO 的成功故事

SOHO（Small office，Home office）即居家办公之意。随着互联网及通信技术的发展，今天它已经成为一种新时尚。也有许多人从这种工作方式中，创造了自己的事业。以下是三个外贸 SOHO 的成功故事。

故事一：四年前，刚从外语学院毕业的林先生回到家乡。儿时的同学们已经成为小有规模的工厂老板了。和他们聊聊，发现他们普遍存在着产品销路问题。林先生挂到一家外贸公司（按年给该外贸公司交纳一定的管理费），开始了为这些老板们寻找国际买家的工作。从展览会到互联网，他独来独往地忙着。生意越做越大，自己也从 SOHO 发展成一间小公司。几年下来，他已经拥有数家稳定的国际客户。林先生说，现在他正在申请自己的商标，将来出口的产品，都使用他自己的商标，树立自己的品牌。

故事二：陈小姐本来在外贸公司工作。生孩子后，为了不再每天赶着打卡上班，辞职做起了外贸 SOHO。她联系到一家有自营进出口经营权的工厂，做他们的编外外贸员，不拿工资，只拿提成。由于陈小姐以前具有外贸经验，以及较好的英语水平、娴熟的应用互联网的能力，生意很快开展起来。现在，陈小姐根据国外客户提供的信息，正在和别人合资建设一个工厂，生产在国际市场上畅销的产品。

故事三：刘先生是个头脑灵光的人。以前，他在一家大型外贸公司工作。在互联网上，他发现有许多国外的小买家也希望能够直接从中国购买货物，但由于他们要的货数量少、品种杂，许多大型外贸公司都不愿意接单。刘先生认为这是一个很好的机会，他辞掉了工作，找到了几个这样的外国公司，以这些公司采购代表的名义，在中国为这些公司代购货物。并根据每批货的价值，从国外公司那里收取一定的佣金。由于业务的发展，刘先生的个人 SOHO 已经不能满足了，他说他要雇人帮忙了。

材料来源：http://bbs.fobshanghai.com/viewthread.php?tid=4619167

📖 思考题

鉴于以上三个故事，谈谈对于国际经济与贸易专业的毕业生如何才能在外贸行业获得成功。

>>>>>> 第七章
国际经济与贸易专业学习辅导

 **内容提要**

作为国际经济与贸易专业导论的最后一章,本章从国际经济与贸易专业的名人、名著、名刊和与本专业相关的网站四个方面呈现给大家一些专业学习的辅导材料,目的是使大家在进入本学科的学习前,了解该专业领域的名家及其著作,进而掌握该学科领域的理论及其发展脉络,同时学会获取和本专业相关的学习资料和信息资源。

第一节 专业名人

一、托马斯·孟

托马斯·孟(Thomas Mun,1571—1641)是英国重商主义的集大成者,英国贸易差额说的主要倡导者。他出生于伦敦的一个商人家庭,早年从商,1615年担任东印度公司的董事,后又任政府贸易委员会的常务委员。16世纪,早期重商主义者禁止金银货币输出的政策仍在英国占支配地位,他们在17世纪初猛烈抨击东印度公司在对外贸易中大量输出金银的做法。为了反驳这种责难,1621年,托马斯·孟发表了《论英国与东印度的贸易,答对这项贸易常见的各种反对意见》一书,论述东印度公司输出金银买进东印度地区的商品,再转卖到别国去,所换回的金银远比运出的多得多。这表明他已摆脱禁止金银输出的旧思想。该书出版之后,受到社会上的注意,并对当时的立法产生了直接影响。

1630年,托马斯·孟把该书改写为《英国得自对外贸易的财富》,在他死后由他的儿子于1664年出版。该书不仅成为英国,而且成为一切实行重商主义政策的国家在政治、经济等方面的基本准则。在这一著作中,商业资本的成熟经济思想得到了系统和充分的阐述。托马斯·孟的基本思想是,要求取消禁止货币输出的法令,认为重要的不是在于把货币保藏起来,而在于把货币投入有利可图的对外贸易中去,只要在对外贸易中争取出超,就可以带来更多的货币,从而使英国致富,即"货币产生贸易,贸易增多货币",他的观点反映了英国资本原始积累时期商业资本的利益和要求。为了扩大出口,作为晚期重商主义的代表已关注商品生产的发展,从而为英国古典政治经济学从流通领域转向对生产领域的研究做了思想准备。

二、亚当·斯密

亚当·斯密(Adam Smith,1723—1790)是古典经济学的主要创立者。他于1723年出生在苏格兰法夫郡,青年时就读于牛津大学。1751—1764年在格拉斯哥大学担任哲学教授。1759年4月,斯密发表了他的第一部著作《道德情操论》(The Theory of Moral Sentiments),阐明具有利己主义本性的个人怎样控制他的感情或行为,尤其是自私的感情或行为,以及怎样建立一个有确立行为准则必要的社会。但是他的不朽名声主要在于他在1776年发表的伟大著作《国民财富的性质和原因的研究》(简称《国富论》,An Inquiry into the Nature and Causes of the Wealth of Nations),标志着古典自由主义经济学的正式诞生。

亚当·斯密并不是经济学说的最早开拓者,他最著名的思想中有许多也并非新颖独特,但是他首次提出了全面系统的经济学说,为该领域的发展打下了良好的基础。因此可以说《国富论》是现代政治经济学研究的起点。该书的伟大成就之一是摒弃了许多过去的错误概念。斯密驳斥了旧的重商学说,这种学说片面强调国家贮备大量金币的重要性。他否决了重农主义者的土地是价值主要来源的观点,提出了劳动的基本重要性。斯密重点强调劳动分工会引起生产的大量增长,抨击了阻碍工业发展的一整套腐朽的、武断的政治限制。在经济政策方面,斯密是经济自由主义的倡导者,自由的社会经济体制是市场经济得以顺利运行和经济增长的基本条件

斯密的接班人,包括像托马斯·马尔萨斯和大卫·李嘉图这样著名的经济学家对他的体系进行了精心的充实和修正(没有改变基本纲要),即现在的经典经济学体系。虽然现代经济学说又增加了新的概念和方法,但这些概念方法大体说来是经典经济学的自然产物。斯密除了观点的正确性及对后来理论家的影响之外,他的观点还对立法和政府政策有着较大的影响。斯密反对政府干涉商业和商业事务、赞成低关税和自由贸易的观点在整个19世纪对政府政策都有决定性的影响,事实上他的这些政策主张对后世的影响至今还在。

三、大卫·李嘉图

大卫·李嘉图(David Ricardo,1772—1823),英国政治经济学家,对经济学做出了系统的贡献,被认为是最有影响力的古典经济学家,也是成功的商人,金融和投机专家,并且积累了大量财产。李嘉图出生于伦敦的一个犹太移民家庭,在17个孩子中排行第三。14岁时,他跟随父亲进入伦敦证券交易所学习金融运作,为将来在股票和房地产市场的成功奠定了基础。21岁时,李嘉图拒绝了家庭的正统犹太教信仰,与贵格会信徒普丽拉·安妮·威尔金森私奔,脱离家庭。李嘉图在证券交易所的工作使他非常富有,1814年42岁时便退休了。1799年,他阅读了亚当·斯密的《国富论》,这是他第一次接触经济学,由此对这个学科产生了兴趣,在这一领域获得了极高的声誉,51岁那年他在自己的庄园里去世。

李嘉图支持自由贸易和废除旨在保护英国国内农业的《谷物法》。他主

张应该允许谷物自由贸易,进口低价谷物,从而降低工资,增加利润,促进资本主义的发展。李嘉图的主要经济学代表作是1817年完成的《政治经济学及赋税原理》(Principles of Political Economy and Taxation)。李嘉图继承并发展了斯密的自由主义经济理论,以边沁的功利主义为出发点,建立起了以劳动价值理论为基础、以分配理论为中心的政治经济学理论体系。书中辟出专章来集中讨论国际贸易问题,提出了著名的"比较优势贸易理论"(Comparative Advantage Theory)。

李嘉图在斯密学说的基础上正式建立起了古典政治经济学的理论大厦,达到了英国古典政治经济学的顶峰,对马克思的政治经济学思想影响很大。李嘉图的劳动价值论是马克思劳动价值理论的重要来源,对马克思研究《资本论》提供了有益的启发,是马克思主义政治经济学的直接思想理论来源之一。

四、弗里德里希·李斯特

弗里德里希·李斯特(Freidrich Liszt,1789—1846),德国经济学家,他是德国关税同盟的倡导者、铁路建设的先行者、国家统一的推动者,被熊彼特誉为德意志"名垂青史的民族英雄"。他更是贸易保护、国家干预、广义生产力、经济民族主义等理论的集大成者,公认的"经济学历史学派的先驱"。李斯特以国家为本位的经济民族主义理论、以工业化为中心的生产力理论、以政府干预为基础的关税保护理论,以及以经济史为依据的实证历史方法,都是这一非常超前的赶超发展学说的具体组成部分。

李斯特生于符腾堡州卢林根镇的一个鞋匠家庭。高中毕业参加文官考试被录取,任下级官吏,后升为该州(当时称邦)会计监察官。曾任图宾根(Tubingen)大学行政学教授。因鼓吹德国统一,废除多邦关卡,不容于当局,被迫辞职。后主持德国工商同盟工作,被选为符腾堡州议会议员。因提出改革方案而受迫害,被判处10个月监禁。1825年赴美,任当地德文报纸主笔,常在宾夕法尼亚工业促进协会会刊汇集成书出版,即《美国政治经济学大纲》(Outline of American Political Economy)。1830年入美籍,曾任美驻莱比锡、汉堡领事。1834年以普鲁士为中心的关税同盟成立,在封建势力控制下,依然实行自由贸易政策,李斯特已无法进行政策活动,同而赴巴黎从事写作,1841 年其代表作《政治经济学的国民体系》(*The National System of Political Economy*)问世,数月之内发行三版。1846 年赴英,鼓吹保护贸易。后因病返德,生活潦倒,身心憔悴,于 1846 年 11 月 30 日开枪自杀,时年 57 岁。

李斯特以国家为本位的经济民族主义理论、以工业化为中心的生产力理论、以政府干预为基础的关税保护理论,以及以经济史为依据的实证历史方法,实际上都是这一非常超前的赶超发展学说的具体组成部分。

五、约翰·梅纳德·凯恩斯

约翰·梅纳德·凯恩斯(John Maynard Keynes,1883—1946),英国著名的经济学家,现代西方经济学凯恩斯主义经济学的创始人,也是现代西方宏观经济学理论体系的奠基者。

凯恩斯 1883 年出生于英国的剑桥市。凯恩斯的父亲也是经济学家,其母亲是剑桥市的市长。凯恩斯在 1902 年从伊顿公学毕业后进入剑桥大学学习数学。1905 年,凯恩斯毕业后,在剑桥大学师从新古典经济学的大师马歇尔学习了一段时间经济学。1906 年,他通过了文官考试进入英国政府印度事务部任职。1908 年起,凯恩斯到剑桥大学任教。1911 年起,他担任著名的《经济学杂志》主编。他在剑桥大学任职期间,曾经几次在印度政府任职。1913—1914 年,他担任皇家印度通货与财政委员会委员。第一次世界大战期间,他在财政部任职,并在 1919 年作为财政部首席代表参加了巴黎和会。1929—1931 年,他出任麦克米伦财政与工业调查委员会委员。1930 年,他出任内阁经济顾问委员会主席。第二次世界大战期间,他出任财政部咨询委员会主要成员。1944 年率英国代表团出席在美国布雷顿森林举行的国际货币金融会议,并且当选为国际货币基金和世界银行的董事。1946 年 4 月 21 日由于心脏病突发,逝世于苏塞克斯郡家中。

凯恩斯一生对经济学做出了极大的贡献,曾被誉为资本主义的"救星""战后繁荣之父"。凯恩斯出生于萨伊法则被奉为经典的时代,认同借助于市场供求力量自动地达到充分就业的状态就能维持资本主义的观点,因此他一直致力于研究货币理论。1936 年凯恩斯的代表作《就业、利息和货币通论》(*The General Theory of Employment, Interest and Money*,简称《通论》)出版。

古典经济学家和新古典经济学家都赞同放任自流的经济政策,而凯恩斯却反对这些,提倡国家直接干预经济。他论证了国家直接干预经济的必要性,提出了比较具体的目标;他的这种以财政政策和货币政策为核心的思想后来成整个宏观经济学的核心,甚至可以说后来的宏观经济学都是建立在凯恩斯的《通论》的基础之上的。

六、贝蒂·俄林

贝蒂·俄林(Bertil Gotthard Ohlin,1899—1979)是瑞典著名经济学家,现代国际贸易理论创始人。师从赫克歇尔(Eli F. Heckscher,1879—1959),与赫克歇尔一起提出了要素禀赋理论,他们的理论被命名为赫克歇尔－俄林理论(简称H－O定理)。

俄林早年就读于隆德大学和斯德哥尔摩大学(University of Stockholm),后来又赴英国剑桥大学和美国哈佛大学留学。1924年任丹麦哥本哈根大学经济学教授,5年后回瑞典任斯德哥尔摩大学商学院教授,曾在美国弗吉尼亚和加利福尼亚大学任客座教授。1977年,因对国际贸易理论和国际资本运动理论做出了开拓性的研究,与英国剑桥大学的詹姆斯·爱德华·米德一同获得了当年的诺贝尔经济学奖。

他在国际贸易理论方面的研究成果主要为1924年出版的《国际贸易理论》,1933年美国哈佛大学出版的名著《区间贸易和国际贸易论》,1936年出版《国际经济的复兴》(International Economic Reconstruction),1941年出版《资本市场和利率政策》等。俄林的理论受他的老师赫克歇尔关于生产要素比例的国际贸易理论的影响,并在美国哈佛大学教授威廉(T. H. Williams)的指导下,结合瓦尔拉斯和卡塞尔的一般均衡理论进行分析论证,在《区间贸易和国际贸易论》中最终形成。因此,俄林的国际贸易理论又被称为赫克歇尔－俄林理论。

七、保罗·萨缪尔森

保罗·萨缪尔森(Paul A. Samuelson,1915—2009)。1935年毕业于芝加哥大学,随后获得哈佛大学的硕士学位和博士学位,并一直在麻省理工学院任经济学教授,他发展了数理和动态经济理论,将经济科学提高到新的水平,被誉为当代凯恩斯主义的集大成者,经济学的最后一个通才。

他所研究的内容十分广泛,涉及经济学的各个领域,是世界上罕见的多能学者。萨缪尔森首次将数学分析方法引入经济学,帮助经济困境中上台的肯尼迪政府制定了著名的"肯尼迪减税方案",并且写出了一部被数百万大学生奉为经典的教科书《经济学》。该书被翻译成日、德、意、匈、葡、俄等多种文字,据报道销售量已达1 000多万册,成为许多国家和地区制订经济政策的理论根据。现在,许多国家的高等学校将《经济学》作为专业教科书。

在国际贸易理论方面,萨缪尔森补充了比较成本学说的"赫克歇尔—俄林定理",对贸易国之间的生产要素价格趋向均等的条件作了严密论证,被西方人士公认为"赫克歇尔—俄林—萨缪尔逊模型"。他论述了国际贸易对贸易国利益的影响,被各资本主义国家认为是现代国际贸易理论的一项重要发展。由于萨缪尔森在经济理论界全面开创性的研究,麻省理工学院在1947年提升他为经济学教授,美国经济学会吸收他为会员,成为约翰·贝茨·克拉克奖的首位获得者,并于1970年获得诺贝尔经济学奖。

八、詹姆斯·爱德华·米德

詹姆斯·爱德华·米德(James Edward Meade,1907—1995),英国经济学家。由于对国际贸易理论和国际资本流动作了开创性研究,他与瑞典经济学家贝蒂·俄林一起获得了1977年诺贝尔经济学奖。

米德生于1907年6月,在英国的巴斯市长大,曾受教于兰伯路克学校和马尔沃恩学院,1926—1930年就读于牛津大学。1930—1931年,他在剑桥三一学院受教于丹尼斯·罗伯逊。1931—1937年,他在牛津赫特福学院任教,1936年《经济分析与政策导论》出版。1937年末,米德暂时中断了学术生涯,赴日内瓦国际联盟经济部工作,二战爆发后成为英国内阁秘书处经济部一员。1947年,米德重返学术界,成为伦敦政治经济学院(1947—1957)的教授,主要讲授国际贸易理论。这是米德学术生涯中最重要的一段,因为在这期间他完成了《国际经济政策理论》,该书为他赢得了诺贝尔经济学奖。全书分为两大卷、十大部分,第一卷题为《国际收支》(1951),在该卷中,他以凯恩斯主义和新古典的一般均衡理论为基础,系统地探讨了一个国家的国内平衡与国外平衡的关系。第二卷题为《贸易与福利》(1955),该书重新考察了贸易管制问题的论据,并从中发现了"次段理论",这是对福利经济学文献的重要补充。

米德在构建上述著作体系过程中,还获得了两项理论上的副产品:一是1952年出版的《国际贸易几何学》,全书有50个关于国际贸易理论的几何图解;二是1955年出版的《关税同盟理论》,西方学术界认为这是在范纳(J. Viner)《关税同盟问题》(1950)一书基础上的重要发展。上述著作完整系统地反映了米德对国际经济学的贡献。

九、保罗·克鲁格曼

保罗·克鲁格曼(Paul R. Krugman,1953—)美国经济学家,普林斯顿大学教授,是自由经济学派的新生代。克鲁格曼的主要研究领域包括国际贸易、国际金融、货币危机与汇率变化理论。

克鲁格曼出生于一个美国中产阶级的家庭。他在纽约的郊区长大,从约翰·F.肯尼迪高中毕业后,他来到了著名的麻省理工学院,学习经济学。博士毕业后赴耶鲁大学任教。1982年,赴华盛顿担任经济顾问团国际经济学首席经济学家。他创建的新国际贸易理论,分析解释了收入增长和不完全竞争对国际贸易的影响。他的理论思想富于原始性,常常先于他人注意到重要的经济问题,然后建立起令人赞叹的深刻而简洁优雅的模型,等待其他后来者的进一步研究。他被誉为当今世界上最令人瞩目的贸易理论家之一,1996年克鲁格曼出版的《流行国际主义》一书大胆预言了亚洲金融危机的爆发,使克鲁格曼成为焦点中的焦点,也使他在国际经济舞台上的地位如日中天。

克鲁格曼于1991年获得素有"小诺贝尔奖"之称的克拉克奖。2008年,因在"贸易模式上所做的分析工作和对经济活动的定位"(for his analysis of trade patterns and location of economic activity)方面取得的成就,获得诺贝尔经济学奖。

十、迈克尔·波特

迈克尔·波特(Michael E. Porter,1947—)是哈佛大学商学院的大学教授(University Professor是哈佛大学的最高荣誉),是该校历史上第四位获得此项殊荣的教授,当今世界上少数最有影响的管理学家之一。波特毕业于普林斯顿大学,后获哈佛大学商学院企业经济学博士学位。32岁即获哈佛商学院终身教授之职,拥有瑞典、荷兰、法国等国大学的8个名誉博士学位。波特是商业管理界公认的"竞争战略之父",是当今世界上竞争战略和竞争力方面公认的第一权威。

他曾在1983年被任命为美国总统里根的产业竞争委员会主席,开创了企业竞争战略理论,并引发了美国乃至世界的竞争力讨论。他先后获得过大卫·威尔兹经济学奖、亚当·斯密奖,五次获得麦肯锡奖。在其著作中最有影响的三部曲是《竞争战略》(1980)、《竞争优势》(1985)和《国家竞争优势》(1990)。

迈克尔·波特对于竞争战略理论做出了非常重要的贡献,"五种竞争力量"——分析产业环境的结构化方法,就是他的杰出思想。他更具影响的贡献是在《竞争战略》一书中明确地提出了三种通用战略。迈克尔·波特认为,在与五种竞争力量的抗争中,蕴涵着三类成功型战略思想:总成本领先战略、差异化战略和专一化战略。波特认为,这些战略类型的目标是使企业的经营在产业竞争中高人一筹;在一些产业中,这意味着企业可取得较高的收益;而在另外一些产业中,一种战略的成功可能只是企业在绝对意义上能获取些微收益的必要条件。有时企业追逐的基本目标可能不止一个,但这种情况实现的可能性是很小的。《国家竞争优势》一书中,他分析了国家为何有贫富之分,一个重要的因素就是国家的价值体系,他把这种价值体系形象地称为"钻石体系",从全新的视角拓展了国际贸易产生的原因。

第二节 专业名著

一、《国民财富的性质和原因的研究》

《国民财富的性质和原因的研究》(简称《国富论》)是英国古典经济学家

亚当·斯密用了近十年时间创作的经济学著作，首次出版于1776年，该书的出版标志着古典政治经济学理论体系的建立，堪称西方经济学界的"圣经"。《国富论》对世人影响最大的就是经济自由主义的思想。斯密认为，人的本性是利己的，追求个人利益是人们从事经济活动的唯一动力。同时人又是理性的，作为理性的经济人，人们能在个人的经济活动中获得最大的个人利益。如果这种经济活动不会受到干预，那么，经由价格机制这只"看不见的手"引导，人们不仅会实现个人利益的最大化，还会推进公共利益。

在《国富论》中，亚当·斯密明确提出了政治经济学的研究目标是"富国"和"裕民"。无论是富国还是裕民，皆依赖于国民财富的增加。那么如何才能增进一个国家的国民财富？斯密认为：一是提高劳动生产率，它主要依赖于分工的深化和市场交换过程的顺畅；二是增加劳动者人数，而这又依赖于资本积累和适当的资本运用。在这个过程中，坚持经济自由、充分发挥市场这只"看不见的手"的作用、取消政府的不适当干预、让经济活动依其天然秩序运行是最根本的制度保障。

斯密认为，分工通过提高劳动者技能、促进技术进步，能够提高劳动生产率，并实现经济的快速增长和民众的普遍富裕，这是市场经济不同于自给自足的传统自然经济的重要特征。有了分工，就会涉及交换问题。在市场经济条件下，人们必须通过平等自愿互惠的市场交易，才可以获得各种各样的生活必需品。在斯密看来，只有以利己心为基础、以平等的交换行为为基础的表现形式的市场交换，才是能够保持持久的常态。

政府干预和管制的主张在重商主义达到了登峰造极的程度，在抨击重商主义的过程中，斯密提出了"看不见的手"的观点。斯密认为，重商主义就其性质与实质来说，是一种限制与管理的学说，是实现国民财富增进的最大阻碍。矫正和克服这种弊端的出路，在于实现真正的自由放任，确立"最明白最单纯的自然自由制度"。在斯密看来，在自然自由的制度下，每一个人都从自己的利益出发从事生产经营活动，在这个过程中，受"看不见的手"的指导去追求自己的利益，往往使他能比在真正出于本意的情况下更有效地促进社会的利益。自然自由制度和经济自由主义，是令"看不见的手"充分发挥效力的重要保障。

《国富论》的中心思想是看起来似乎杂乱无章的自由市场实际上是个自

行调整机制,自动倾向于生产社会最迫切需要的货品种类和数量。用斯密的话来说,每个人"只想得到自己的利益",但是又好像"被一只无形的手牵着去实现一种他根本无意要实现的目的……他们促进社会的利益,其效果往往比他们真正想要实现的还要好"。但是如果自由竞争受到阻碍,那只"无形的手"就不会把工作做得恰到好处。因而斯密相信自由贸易,为坚决反对高关税而申辩。

二、《政治经济学及赋税原理》

《政治经济学及赋税原理》是英国古典政治经济学家大卫·李嘉图的著作,该书首次出版于1817年,是经济学说史上一部辉煌巨著,被人们称为"李嘉图革命",影响深远。该书囊括了古典经济学的所有理论,包含着李嘉图的全部思想精粹,成为《资本论》的重要思想源泉,在亚当·斯密和马克思之间建起了一座桥梁。

《政治经济学及赋税原理》中的核心思想是劳动价值论,李嘉图所要研究的中心问题是分配问题,但他首先研究的是价值,并认为这是研究财富分配的钥匙,价值学说贯穿于他的全部理论体系。全书结构比较松散,前六章是全书的重点,包罗了李嘉图政治经济学理论的主要内容;其余各章则是李嘉图理论原则的运用,或是对其原理的理解和补充。该书分析了社会中三个阶级,即地主、工人和资本家在社会产品分配方面的规律,发现商品的相对国内价值决定于生产这些产品的必要劳动量,利润与工资是互成反比例而变化的,而工资是随必需品成本的变化而变化的,还论述了其他许多问题。

这本书提出了比较成本理论。根据李嘉图的理论,即使一个国家在所有制造业中比其他国家更加高效,它也能够通过专注于其最擅长领域,与其他国家的进行贸易交往而获取利益。李嘉图认为,工资应该自由竞争,同理也不应限制从国外进口农产品。比较优势的好处体现在分配和增加实际收入。在李嘉图的理论中,分配体系包括了对外贸易的影响,外贸并不直接影响利润,因为利润只随工资水平变动。它对收入的影响是良性的,因为外贸不改变商品价值。这一理论就是依照生产成本的相对差别而实行国际分工,它曾被资产阶级奉为支配国际贸易的永恒规律。

与亚当·斯密所见略同,李嘉图也反对国家经济中的贸易保护主义,特别是对农业。他相信《谷物法》向农产品征收关税会降低国内土地的产出并且使地租升高。这样一来,大量的补贴会转移到封建地主手里,而远离工业资本。因为地主倾向于将财富浪费在奢侈品上,而不是进行投资,李嘉图相信《谷物法》会导致英国经济停滞。1846年,英国国会废除了该法。

三、《地区间贸易和国际贸易》

《地区间贸易和国际贸易》是瑞典著名经济学家贝蒂·俄林的代表作,1933年首次出版。书中提出并阐明了生产要素禀赋学说的国际贸易理论,各种生产要素的丰裕程度决定商品的相对价格和贸易格局,生产要素的移动对贸易和国际贸易有巨大影响。作者在此论述的基础上,主张应在空间位置方面充分考虑价格形成,并在分析国内和国际生产要素流动的基础上,阐述了它们与商品流动的关系,指出了国际贸易交换机制的作用。本书在西方国际贸易理论中占有重要地位,俄林也因在国际贸易理论和资本转移理论上所做的开创性贡献获得诺贝尔经济学奖。

俄林指出,国际贸易、生产要素的供给以及商品需求是相互影响的,价格和贸易是实际需求和供给条件的结果。由于商品的流动在某种程度上代替了要素的流动,因而使要素的流动有时就不必要了。但商品交换并不能促使要素价格完全均衡。当差别大到足以引起要素的流动时,不同地区的要素价格就逐渐接近了,贸易量也就随之减少。商品流动和要素流动的这种相互替代、相互影响,进一步推动了地区间的价格均衡。

关税起着限制贸易的作用,它使一国的生产不能太专门化而更加多样化,并减弱了国际间贸易价格的均衡趋势。一国对一种重要商品征进口税,则会降低对该产品的需求,同时会增加对其他的货物的需求。从整体看,这将增加这国的货物和生产要素同所有其他国外货物和生产要素相比的稀缺性,从而使相对价格发生变化,打乱了进出口水平。如果征收的是保护性关税,并且国内的产量是可以增加的,那么税收会提高一般生产要素的货币价格,从而也提高由这些要素新生产的所有商品的平均价格水平。

各地生产要素相对稀少性的差异决定了商品相对价格的差异,从而导致贸易的发生。而贸易的结果,又会缓和各地生产要素配置的不均衡,并使生产要素的价格趋向均等化,从而给各地都带来利益。一国应出口运用本国丰饶的生产要素所生产的商品,而进口本国短缺的生产要素所生产的商品,这样的贸易才是有利的。因此,应该放宽贸易限制,推行贸易自由化,给一切国家带来最大的福利。

四、《就业、利息和货币通论》

《就业、利息和货币通论》(简称《通论》)是约翰·梅纳德·凯恩斯最具影响力的代表作,也是西方经济学史上具有里程碑意义的一部巨著,1936年出版。该书对现代西方经济理论及各国经济政策有重大影响。《通论》解释了生产水平倒退及失业率骤增等传统经济学无力解答的现实问题,提出了国家调节经济的主张。

20世纪30年代,经济大危机时期充分暴露出来的某些实际情况,如失业严重、资本产品大量过剩等,凯恩斯认为,导致这种情况的根源在于有效需求不足,而一国的就业水平是由有效需求决定的。有效需求是指商品总供给价格与总需求价格达到均衡时的总需求,而总供给在短期内不会有大的变动,因而就业水平实际上取决于总需求或有效需求。

之所以出现有效需求不足,是因为"消费倾向""对资本未来收益的预期"以及对货币的"灵活偏好"这三个基本心理因素的作用。他指出,总需求是消费需求与投资需求之总和,总需求或有效需求不足是消费需求与投资需求不足的结果。心理上的消费倾向使得消费的增长赶不上收入的增长,因而引起消费需求不足。心理上的灵活偏好及对资本未来收益的预期使预期的利润率有偏低的趋势,从而与利息率不相适应,这就导致了投资需求的不足。凯恩斯还认为,心理上对资本未来收益的预期即资本边际效率的作用在三个基本心理因素中尤为重要,危机的主要原因就在于资本的边际效率突然崩溃。

资本主义不存在自动达到充分就业均衡的机制,因而主张政府干预经济,通过政府的政策、特别是财政政策来刺激消费和增加投资,以实现充分就业。消费倾向在短期内是相对稳定的,因而要实现充分就业就必须从增加投资需求着手。凯恩斯指出,投资的变动会使收入和产出的变动产生一种乘数效应,因而他更主张政府投资,以促使国民收入成倍地增长。

《通论》在经济学理论上有了很大的突破。第一,突破了传统的就业均衡理论,建立了一种以存在失业为特点的经济均衡理论;第二,把国民收入作为宏观经济学研究的中心问题;第三,用总供给与总需求的均衡来分析国民收入的决定;第四,建立了以总需求为核心的宏观经济学体系;第五,对实物经济和货币进行分析的货币理论;第六,批判了"萨伊法则",反对放任自流的经济政策,明确提出国家直接干预经济的主张,对整个宏观经济学的贡献是极大的。

五、《克鲁格曼国际贸易新理论》

本书是美国著名经济学家、当代国际贸易新理论的集大成者保罗·克鲁格曼的经典论著。书中从国际贸易的产生、历史的作用、技术与贸易和贸易政策四个方面对国际贸易产生的原因、国际分工模式的决定因素、保护本国市场的作用和什么样的政策才是最佳贸易政策等命题进行了全面的阐述。

产业内贸易、发达国家之间的水平分工与贸易的迅速增长成为当今国际贸易的主要现象,新贸易理论认为这是因为产生国际贸易的动因与基础发生了变化,不再仅仅是因为技术和要素禀赋的差异带来了贸易。新贸易理论从供给、需求、技术差距论等不同角度分析了国际贸易的动因与基础。1977年,迪克希特和斯蒂格利茨建立的D-S模型,阐述了在不完全竞争市场结构下消费者需求多样化和企业生产规模经济的两难冲突问题。克鲁格曼看到了D-S模型解释贸易问题的潜力,首先将它应用到国际贸易分析中,建立了规模经济理论,即一个由规模经济引致贸易的模型。通过采用张伯伦垄断竞争分析方法,得出结论为:贸易并不需要是技术或要素禀赋差异的结果,而可能仅仅是扩大市场和获取规模经济的一种途径。

国际贸易的意义就在于能够形成一个一体化的世界市场,厂商可以打破单一狭小的国内市场限制,在世界范围内扩大产品销售市场,并从别国进口其他差异性产品,以满足消费者需求。这一理论不仅对国际经济学的发展具有重要理论意义,而且对各国发展对外贸易和参与经济全球化的实践具有积极的指导意义。

六、《国家竞争优势》

《国家竞争优势》是哈佛大学迈克尔·波特教授战略三部曲中的第三部,1990年出版。波特在继承发展传统比较优势理论的基础上提出了独树一帜的"国家竞争优势"理论,为贸易理论的发展做出了巨大的贡献。该理论着重讨论了特定国家的企业在国际竞争中赢得优势地位的各种条件。它给我们的启示是:在开放型经济背景下,一国产业结构状况并不是一成不变的,各国产业发展具有很强的能动性和可选择性,固有的比较优势不应成为谋求增强国际竞争优势的障碍。

波特通过对多个国家、多个产业的竞争力进行深入研究后认为,产业竞争力是由生产要素、国内市场需求、相关与支持性产业以及企业战略、企业结构和同业竞争四个主要因素,以及政府行为和机遇等两个辅助因素共同作用而形成的。其中,前四个因素是产业竞争力的主要影响因素,构成国家竞争优势"钻石模型"的主体框架。四个因素之间彼此相互影响,形成一个整体,共同决定产业竞争力水平的高低。这四个因素对每一个产业的影响并不相同,应该分别加以评估,更重要的是,钻石体系是一个动态的体系,它内部的每个因素都会相互作用影响到其他因素的表现。

国家竞争优势理论实现了战后国际分工贸易理论两大发展脉络的融合,实现了对传统比较优势理论的继承与超越,既包含了一个国家的初始比较优势——主要取决于资源禀赋,又包含了后发比较优势和潜在比较优势——主要取决于是否具有创新的制度、组织和理念,从本质上看,竞争优势仍是比较优势,是超越了传统含义上的比较优势。波特的"钻石"模型提供了一种理解国家或地区全球竞争地位的全新方法,现在已经成为国际商业思维中不可或缺的一部分,它改变了我们原来对财富在现代全球经济中是如何形成和保持的观念,波特对于国家竞争力的创始性研究影响了世界各国的国家政策。

第三节　专业名刊

一、《国际贸易》

《国际贸易》杂志（月刊）创刊于1982年，系中国商务部（原中国对外贸易经济合作部）属下第一本国内外公开发行的国际经济贸易专业刊物，是在国内外经贸界很有影响力的杂志。1983年10月，英文版 INTERTRADE 在香港创刊，其影响开始辐射欧美等发达地区和国家。

《国际贸易》以传播国际贸易理论、实务和知识为主，以敏锐的眼光洞察国内外市场，以详尽的学术研究成果展示全球经济贸易的过去、现在和将来，以前瞻性的文章介绍中国的对外开放和经贸关系的各项有关政策。经过近四十年的发展，《国际贸易》已经培育了包括中央及地方经济主管决策机构、全国各经贸委、大专院校及科研单位、各企业及各国驻华商务机构等在内的忠实读者近十万人。同时，《国际贸易》杂志被WTO、联合国国际贸易中心图书馆、国际货币基金、世界银行、美国国会图书馆等国际组织及知名机构订阅和收藏。

《国际贸易》开设的栏目主要有：中国经贸、国际商务、区域合作、外资、金融、服务贸易、法律、资料，等等。

二、《国际贸易问题》

《国际贸易问题》创刊于1975年，由中华人民共和国教育部主管、对外经济贸易大学主办。《国际贸易问题》为中文社会科学引文索引（CSSCI）来源期刊，贸易经济类、世界经济类核心期刊，第一批国家社科基金资助期刊，中国工业经济学会会刊。

《国际贸易问题》依托对外经济贸易大学在国际贸易学界的影响力，充分发掘校内和校外的优势资源，坚持国际贸易理论与政策实证研究相结合的特色，坚持"专、特、精、优"，立足学术前沿，以学术化、专业化、平台化、品牌化为方向，致力打造具有国际视野的大经贸领域学术期刊第一品牌。

《国际贸易问题》常设栏目有：经贸论坛、商务战略、全球价值链、"一带一路"专题、国际投资与跨国经营、贸易与环境、服务贸易、贸易壁垒、国际金融、国际经济法、学术前沿等。

三、《国际经贸探索》

《国际经贸探索》是由广东外语外贸大学主办、《国际经贸探索》编辑部编辑出版的大型国际经贸理论与实务的专业性双月刊，主要探索当今外经贸热点问题，反映国际经济与贸易教学科研成果。创刊于1985年1月，当时刊名是《广州对外贸易学院学报》，1991年起更名为《国际经贸探索》。

《国际经贸探索》坚持以马克思列宁主义、毛泽东思想、邓小平理论为指导，不断推进理论创新，坚持理论联系实际；适应经济全球化和加入世贸组织的新形势，着重研究和阐述国际经贸理论，以利于在更大范围、更广领域和更高层次上与国际经济技术合作和竞争；依托广州国际大商埠，资讯网络辐射全国，沟通世界；联系实际，大胆探索，及时反映外经贸热点问题；及时反映新情况，勇于探索新问题，总结介绍广东省外经贸的成功经验。

四、《对外经贸实务》

《对外经贸实务》杂志是一本服务各级各类涉外经贸企业、涉外经济管理部门、科研单位、图书情报部门和外经贸院校的学术性、专业性和实用性的期刊。

该刊自1983年创刊以来，为了适应改革开放的需要，坚持为读者服务、为企业服务、为对外经贸事业服务的宗旨，受到国内外广大读者的充分肯定和广泛赞誉，曾连续被评为中国财经类、国际贸易类核心期刊。作者群、读者群主要分布在全国拥有自营进出口权的企业、外经贸行业的政府主管部门及科研、教学机构，是业界久负盛名、颇具影响的品牌杂志。

该刊突出理论与实务相结合的特色，力求服务实践，创新理论。常设"名家专稿""名企风采""国际观察""大趋势""经贸论坛""WTO实务""国际市场""国际合作""服务贸易""业务探讨""利用外资""案例分析""品牌经营""热点追踪""人才强商""经贸资讯"等栏目,贴近企业、贴近外经贸经营管理活动,是外经贸人士学术交流的平台、切磋技艺的舞台和良师益友。

五、《世界经济》

《世界经济》创刊于 1978 年,是由中国社会科学院主管、中国世界经济学会与世界经济与政治研究所共同主办的学术期刊,是国内创刊最早的世界经济类刊物之一。《世界经济》侧重世界经济相关领域的理论研究(国际贸易、国际金融、开放条件下的宏观经济学、国际政治经济学、转轨经济学、发展经济学、中国对外开放、区域和国别经济等),但也刊登研究中国经济体制改革、经济学基础理论、经济思想史、经济史、管理经济学等方面的理论研究。

《世界经济》坚持"战略性、理论性、综合性和现实性"的办刊宗旨,一方面重点发表全国相关专家撰写的反映国内学术水平,具有创新性和较高学术价值的高水平论文,促进中国世界经济理论的发展和学科建设;另一方面,针对改革开放和经济建设的需要,有选择地刊登一些国外经济发展中可供借鉴的做法、经验教训和相应的政策建议,供有关机构研究和政府决策参考。同时,本刊还根据国际经济领域的新变化和新情况,及时反映社会各界关心的一些热点问题。

该期刊的目标和基本定位是:① 强调学术性和理论性,注重在实际情况介绍的基础上进行政策分析;② 立足国际经济理论,兼顾国内外对一般经济理论的研究;③ 关注国际学术动态,加强对国内问题的分析和研究;④ 坚持中国学术的风格和特色,同时遵守国际学术研究和编辑出版的标准和规范。

六、《国际商务》

《国际商务》双月刊创刊于 1987 年,由中华人民共和国教育部主管、对外经济贸易大学主办,中文核心期刊,CSSCI 来源期刊,是我国国际商务领域一流专业学术期刊之一。

该期刊以国际商务这一独立的学科领域为基础,立足经济全球化和可持续发展,以跨国经营与国际投资为重点,全面展示中外学者在国际贸易、经济学、金融、法律等领域的科研成果,成为服务于中国企业"走出去"战略和外资在华经营的权威期刊。主要栏目有:"专稿""国际贸易""经济学研究""金融科学""法学研究""管理学""国际投资""学术动态"等。

七、《国际商报》

《国际商报》由中华人民共和国商务部主办,是我国商务领域具有行业独占性和权威性的日报,是中国政府加入 WTO 时承诺的刊登进出口管理信息的指定媒体,是海外发行区域最大的中国财经报纸之一。1984 年 12 月,改革开放的总设计师邓小平同志亲笔题写了《国际商报》的报名。长期以来,《国际商报》立足于中国商务领域,服务于各界商务人士:

——从专业角度,全方位报道和评析行业新闻事件;

——以客观立场,全景式介绍和解读各国商务环境;

——用世界眼光,全程性跟踪和预测全球商机变化。

此外,《国际商报》还对企业招商引资、走出国门提供实用信息;对会展经济、商务旅游、海关质检、口岸物流进行专题报道;对整顿和规范市场经营秩序给予特别关注。《国际商报》国内外公开发行,覆盖全中国及 160 多个国家和地区。

《国际商报》是我国对外宣传的重要阵地、指导推动全国商务工作的重要工具,承担着宣传对外开放、推动商务发展的重要任务,在对外宣传和商务新闻宣传领域具有独特的地位和作用。

第四节　专业相关网站

一、相关机构网站

(一) http://www.mofcom.gov.cn(中华人民共和国商务部)

(二) http://www.stats.gov.cn(中华人民共和国统计局)

(三) http://www.customs.gov.cn(中华人民共和国海关总署)

（四）http：//www.safe.gov.cn(中华人民共和国外汇管理局)

（五）http：//www.eximbank.gov.cn(中国进出口银行)

（六）http：//www.wto.org(世界贸易组织)

（七）http：//www.imf.org(国际货币基金组织)

（八）http：//www.worldbank.org(世界银行)

（九）http：//www.nber.org(国民经济研究局)

二、相关贸易网站

（一）阿里巴巴 http：//www.alibaba.com

（二）敦煌网 https：//www.dhgate.com

（三）中国制造 http：//cn.made-in-china.com

（四）Tpage http：//www.tpage.com/

（五）环球资源网 http：//www.globalsources.com

（六）易趣 www.eachnet.com

（七）Eceurope market http：//www.eceurope.com

（八）Ecplaza http：//www.ecplaza.com

思考题

1. 请在学习本章的内容后对国际经济与贸易领域的主要理论及发展做理论综述。

2. 请在相关网站检索近5年我国对外贸易发展的基本情况。

3. 选择某一你感兴趣的国际市场，了解我国和该国或地区的双边贸易关系及基本贸易情况。

参考文献

[1] 张二震,马野青.国际贸易学[M].5版.北京:人民出版社,2015.
[2] 张纪凤,牟亚静.国际贸易专业人才培养模式研究[J].对外经贸,2020(12):153-155.
[3] 王一淋.国际经济与贸易专业人才培养模式研究[J].科技经济导刊,2021,29(03):161-162.
[4] 马玉霞.跨境电商背景下国际经济与贸易专业人才培养模式研究[J].教育教学论坛,2020(50):267-268.
[5] 张帆.美国顶级国际商务本科人才培养特点及启示[J].科技经济市场,2017(11):135-136.
[6] 崔轩玮.欧美高校国际商务人才培养的课程体系:特点与启示[J].商场现代化,2014(22):132-134.
[7] 刘晓伟,孟亮.论普通本科院校国际经济与贸易专业人才培养定位[J].中国管理信息化,2010,2:116-118.
[8] 隋俊,袁丽虹.探究普通高校应用型国际贸易专业人才培养模式[J].继续教育研究,2013(7):117-119.
[9] 马澜.医药院校的国际经济与贸易专业建设探讨[J].兰州教育学院学报,2010,26(3):122-124.
[10] 陈宏付.应用型国际经济与贸易专业人才培养的目标及对策[J].科学大众,2006(7):19-20.
[11] 李瑢.论国际经济与贸易专业人才的素质培养[J].湖南经济管理干部学院学报,2006,17(2):105-107.

[12] 王涛生. 国际经济与贸易专业人才培养方案的研究与改革[J]. 大学教育科学,2009(1):80-83.

[13] 胡俊文,汪朝阳. 国际经济与贸易专业人才综合素质的评价指标体系[J]. 统计与决策,2006(5):63-64.

[14] 魏龙,黄汉民. 国际经济与贸易专业导论[M]. 2版. 武汉:武汉理工大学出版社,2011:161-170.

[15] Rinko. 外贸业务员:跨越国界的"买卖"[J]. 中学生天地(B版),2019(02):24-26.

[16] 丘杉,郭楚. 国际经济理论与前沿问题[M]. 北京:中国社会科学出版社,2007.

[17] 赵春明,何璋. 国际经济学[M]. 北京:北京师范大学出版社,2008.

[18] 保罗·克鲁格曼,茅瑞斯·奥伯斯法尔德. 国际经济学(中译本)[M]. 海闻,译. 北京:中国人民大学出版社,2002.

[19] 陈向东. 国际技术转移的理论与实践[M]. 北京:北京航空航天大学出版社,2008.

[20] 索耶,等. 国际经济学(中译本)[M]. 杨莉,等译. 北京:中国人民大学出版社,2005.

[21] [美]保罗·克鲁格曼. 战略性贸易政策与新国际经济学[M]. 海闻,等译. 北京:中国人民大学出版社,2000.

[22] 伍柏麟,华民. 国际经济学[M]. 上海:复旦大学出版社,2004.

[23] 黄卫平,彭刚. 国际经济学教程[M]. 北京:中国人民大学出版社,2004.

[24] 李坤望. 国际经济学[M]. 北京:高等教育出版社,2005.

[25] 华民. 国际经济学[M]. 上海:复旦大学出版社,2003.

[26] 易纲,张磊. 国际金融[M]. 上海:上海人民出版社,1999.

[27] 姜波克. 国际金融新编[M]. 上海:复旦大学出版社,2005.

[28] 田青. 国际经济一体化理论与实证研究[M]. 北京:中国经济出版社,2005.

[29] 海闻,P. 林德特,王新奎. 国际贸易[M]. 上海:上海人民

出版社,2003.

[30] 东艳,李春顶. 2012年国际贸易国外学术研究前沿[J]. 经济学动态,2013(2):105-113.

[31] 何国华. 国际金融理论最新发展[M]. 北京:人民出版社,2014.

[32] 江天骄. 从软制衡理论看非正式国际组织在新兴市场国家间的发展[J]. 拉丁美洲研究,2015,37(03):11-19,79.

[33] 吕建黎. 医药院校国贸专业课程体系设置的比较研究——以南京中医药大学为例[J]. 西北医学教育,2013,21(6):1066-1068.

[34] 张忠华. 关于大学课程设置的三个问题[J]. 大学教育科学,2011(6):30-34.

[35] 魏龙,黄汉民. 国际经济与贸易专业导论[M]. 2版. 武汉:武汉理工大学出版社,2011.

[36] 雷呈勇. 大学课程设置的依据和原则探析[J]. 中国电力教育,2008(110):75-76.

[37] 李建国,谭伟湛. 医药院校国贸专业课程体系模块化设计比较研究[J]. 卫生软科学,2012,26(8):712-715.

[38] 蔡小勇. 应用型本科院校国际经济与贸易专业实习教学思考和实践[J]. 新余高专学报,2009,14(2):112-113.

[39] 申利. 国际贸易专业课程体系和教学内容优化研究[J]. 中外企业家,2019,634(08):181-182.

[40] 曹银华,刘荣. 国标下应用型本科院校国际经济与贸易专业课程体系的构建——以广东培正学院为例[J]. 黑龙江教育(综合版),2020(3):80-81.

[41] 魏龙,黄汉民. 国际经济与贸易专业导论[M]. 2版. 武汉:武汉理工大学出版社,2011.

[42] 庞昊元. 国际经济与贸易专业介绍及就业方向[A]//经济生活——2012商会经济研讨会论文集. 江苏省南通市委、南通市人民政府,2012:227.

[43] 证券从业资格考试. http://baike.baidu.com/view/132708.

htm? fromenter=证券从业资格考试&enc=utf8.

[44] 银行从业资格考试. http://baike.baidu.com/view/1503537.htm.

[45] 期货从业人员资格考试. http://baike.baidu.com/view/1695548.htm.

[46] 报检员资格全国统一考试. http://baike.baidu.com/view/4682660.htm.

[47] 国际货运代理人考试. http://baike.baidu.com/view/2921572.htm.

[48] 剑桥商务英语考试. http://baike.baidu.com/view/2336732.htm.

[49] 李同芳. 外贸单证员的工作特点与基本要求[J]. 商业经济,2010,12:100-101.

[50] 肖黎,冯志坚,刘纯阳. 地方高校国际贸易专业本科生就业岗位及其就业能力结构分析[J]. 职业时空,2010,12:69-71.

[51] 李克辛,张晓丽. 国际贸易专业就业前景分析[J]. 中国大学生就业,2004,Z2:197-198.

[52] 张卉. 国际贸易专业大学生就业现状分析及建议[J]. 科技视界,2012,19:142-144.

[53] 祝小荃. 公司职员的舒适度与工作绩效相关性分析[J]. 商场现代化,2008,12:82.

[54] 杨力刚. 高职国际贸易学生职业资格证与就业初探[J]. 广西经济管理干部学院学报,2007,19(4):79-82.

[55] 裴倩敏. 国际经济与贸易专业[J]. 中国大学生就业,2007,06:33-34.

[56] 严双. 国际经济与贸易专业人才培养方案研究[D]. 长沙:湖南农业大学,2019.

[57] 陈利,任俞萱,李亚,等. 基于"新商科"背景下国贸专业的就业情况研究——以南京审计大学为例[J]. 产业科技创新,2020,2(02):76-78.

[58] 陈娜娜.探究国贸专业毕业生就业现状及如何提高就业竞争能力[J].知识经济,2019(24):134-135.

[59] 托马斯·孟.英国得自对外贸易的财富[M].北京:商务印书馆,1997.

[60] 亚当·斯密.国民财富的性质和原因的研究[M].北京:商务印书馆,1974.

[61] 大卫·李嘉图.政治经济学及赋税原理[M].南京:译林出版社,2011.

[62] 约翰·凯恩斯.就业、利息和货币通论[M].南京:译林出版社,2011.

[63] 伯尔蒂尔·俄林.区际贸易和国际贸易[M].北京:华夏出版社,2008.

[64] 弗·李斯特.政治经济学的国民体系[M].北京:商务印书馆,1961.

[65] 保罗·克鲁格曼.国际贸易新理论[M].北京:中国社会科学出版社,2001.

[66] 迈克尔·波特.国家竞争优势[M].北京:中信出版社,2012.

备注:本书中的名人生平由百度百科资料整理.